HORÓSCOPO

CHINÊS

E A SUA INTERPRETAÇÃO

HORÓSCOPO CHINÊS

E A SUA INTERPRETAÇÃO

© Publicado em 2016 pela Editora Isis.

Revisão de textos: Rosemarie Giudilli
Diagramação: Décio Lopes

DADOS DE CATALOGAÇÃO DA PUBLICAÇÃO

Ming, Liu

Horóscopo Chinês e a sua interpretação/ Liu Ming | 1ª edição | São Paulo, SP | Editora Isis, 2016.

ISBN: 978-85-8189-082-1

1. Horóscopo Chinês 2. Cultura Oriental I. Título.

EDITORA ISIS LTDA
www.editoraisis.com.br
contato@editoraisis.com.br

Sumário

Horóscopo Chinês
e a sua interpretação

Os manuais de astrologia para uso de ocidentais costumam afirmar que os primeiros que se ocuparam com a ciência dos astros foram os caldeus. Mas agora, à medida que as antigas tradições vêm sendo desenterradas, vemos que os chineses cultivavam a ciência dos astros em períodos muito anteriores. Seu sistema é muito diferente ao do ocidental, e os astrólogos de nossos dias não descobriram ainda as referências astronômicas que justifiquem as afirmações da astrologia chinesa. Mas há algo que assombra: a justeza dos prognósticos, tanto no que se refere aos acontecimentos que se desenrolam no mundo, ano após ano, quanto à característica das pessoas nascidas sob o signo do Rato, do Búfalo, do Tigre etc. O que exatamente nos aponta o sistema chinês?

A astrologia chinesa que hoje oferecemos à apreciação do leitor é uma astrologia lunar. A Lua é o elemento fecundante, por excelência, para nós, habitantes da Terra. Os camponeses sabem por experiência que se plantam batatas quando a lua se encontra em fase crescente, suas batatas terão esplêndidas folhas, mas muito pouco fruto; e que se plantam tomates com lua minguante, seus tomateiros terão poderosas raízes e pouco fruto também. Os camponeses são astrólogos por necessidade e sabem muito da relação Lua-Terra. Ao se interessarem pela vida emotiva e psíquica das pessoas, igualmente percebem que a Lua minguante dá muita vida interior e a Lua crescente muita exuberância exterior.

Os astrólogos ocidentais sabem que isso é assim, apesar da astrologia lunar ter permanecido num plano subdesenvolvido. Os prognósticos baseiam-se nas posições solares com os demais planetas, deixando para a Lua o rol de parteira que dá à luz às influências que os planetas vão gerando. De certo modo, o "machismo" guiou os astrólogos em seus estudos, já que o sol é o elemento macho do Zodíaco, e a Lua o elemento feminino. Que a Lua se encarrega do parto das influências planetárias é coisa normal, já que o mesmo faz a mulher com os filhos. Mas, a lua é algo muito mais do que essa parteira celeste nos manuais ocidentais de astrologia, pois tem personalidade própria, atua sobre os caracteres e os destinos.

Não é por caso que a astrologia lunar se desenvolveu na China. A Lua é o corpo celeste que rege o país, junto com o signo lunar de Câncer. Essa atribuição da nossa astrologia clássica é sem dúvida acertada, posto que o povo chinês é o mais numeroso da Terra, prova de que a fecundidade lunar não é pura especulação intelectual, mas uma realidade contundente. Por outro lado, um dos atributos da lua é a imaginação. Nos tempos antigos, a imaginação era a que imperava na vida dos povos, o que equivale a dizer que eram as mulheres que governavam num sistema de matriarcado. Era natural, pois, que surgisse um sistema astrológico baseado na imaginação. Mais adiante, com o passar das épocas, a humanidade desenvolveu o atributo da Vontade, que é tipicamente masculino, e isso deu lugar, no domínio astrológico, ao apogeu do Sol.

Agora, nos encontramos num momento de evolução em que a Vontade já deu todos os frutos úteis que podia dar. O homem já realizou todo o positivo que podia realizar na Terra e suas realizações tornaram-se negativas, destrutivas, poluidoras. Todos os futurólogos com autêntica visão do porvir auguram retorno à supremacia da imaginação, que é como dizer um retorno ao feminismo, mas não a um feminismo "machista", tal qual o preconizado pelas Lib Women's, mas o autêntico feminismo com tudo o que tem de recato, de pudor, de lirismo, de abandono da vontade, de mando e de poder.

Com este renascer da imaginação, é aqui que a antiga tradição chinesa atualiza-se entre nós, e os manuais de astrologia chinesa vêm para nos aportar outro sistema de valorização. Mas, pode a astrologia chinesa suplantar a nossa astrologia tradicional? Pode o Rato arrojar-se do Zodíaco ao signo de Áries?

Evidentemente, que não. Astrologia Lunar e Astrologia Solar complementam-se, completam-se, enriquecem-se mutuamente, e esse sistema chinês só é útil se o leitor conhecer seu signo tradicional e mais ainda, se estabeleceu seu Mapa do Céu. O zodíaco lunar chinês é formado por doze signos que trazem o nome de doze animais: alguns ferozes, outros domésticos; alguns répteis devoradores, outros pacíficos animais comestíveis, assim também corresponde a uma humanidade em que coexistem as vítimas e os verdugos, os parasitas e os que se dedicam a paciente labor.

Em nosso zodíaco tradicional, os doze signos correspondem aos doze meses do ano. No Zodíaco Chinês, os doze signos correspondem a doze anos lunares, de modo que serão Rato, Búfalo, Tigre etc., todos os nascidos no espaço de um ano.

A Lua dá volta completa ao zodíaco num prazo de 28 dias, de modo que num ano haverá percorrido doze vezes o zodíaco e lhe sobrarão alguns dias. Por isso que os lunares são irregulares, já que se iniciam no momento da Lua Nova do ano novo. O leitor encontrará, mais adiante, um calendário de anos lunares com a data do começo e do fim.

Os dias sobressalentes de cada ano lunar em relação ao solar fazem com que, a cada doze anos, caia um ano com TREZE LUAS. É de certo modo uma anomalia com respeito aos anteriores, e os asiáticos temem os anos de treze luas, do mesmo modo que tememos o diabo.

Os signos do zodíaco lunar chinês, ao influenciarem todos os nascidos num determinado ano, exercem obviamente uma influência de tipo coletivo, uma influência que é como uma tela de fundo na vida desses nativos, como um limite no cenário em que tem lugar sua atuação humana. Essa influência pode se ver ativada positivamente por haver nascido num signo solar em afinidade com o lunar, ou, pelo contrário, pode se ver perturbada por um nascimento num signo solar hostil.

Na segunda parte dessa obra, após haver catalogado todas as influências do sistema chinês, estabelecemos um contraste com o sistema ocidental, a fim de que o leitor disponha de informação completa acerca de suas condições mentais e emotivas.

Para os povos orientais, a confiança em seu zodíaco de animais é tal que já não pode se falar de uma crença, mas de uma evidência interior. Em 1966, por exemplo, teve lugar no Vietnã uma verdadeira epidemia de abortos. Motivo: o ano encontrava-se regido pelo Cabelo de Fogo, figura especial que só aparece uma vez a cada sessenta anos, considerada maléfica para a família das crianças nascidas naquele ano. Para evitar esse malefício, o melhor era não ter filhos.

É preciso acrescentar que a influência do zodíaco lunar chinês deixa-se sentir plenamente quando a vontade não atua. Para as massas orientais, apáticas, fatalistas, dadas a crer que tudo depende do fado e que não vale a pena lutar, essas forças são dinâmicas cem por cento e presidem sua vida inteira. Mas, quando a vontade humana entra em jogo, quando a pessoa vive animada por um desígnio, quando atua lançada a uma meta, essas forças zodiacais só têm o valor de um acessório, de um complemento, que pode ser o ponto de apoio que nos permite chegar à meta, ou, pelo contrário, a rasteira que nos obriga a apearmos quando nos encontramos na última reta.

Passemos já, sem mais palavras, ao estudo das tendências propulsoras para cada um dos signos do zodíaco lunar chinês.

O Rato

Ali, onde houver vida, haverá Ratos. Esses animaizinhos encontram-se nos lugares mais insuspeitos: nas cozinhas, claro, onde se preparam os banquetes, nos mercados, nos esgotos, nos edifícios em construção, nos barcos, nos trens de carga. E onde há uma aventura humana que possa ser vivida, ali se encontra um Rato que aceita o desafio.

Sua extrema mobilidade, seu entusiasmo e fé nas coisas, fazem que pareçam fortes quando se lhes conhece superficialmente, mas na realidade são seres vulneráveis e assim o são porque são incapazes de deitar raízes em qualquer lugar.

Passam pelas coisas incendiando-as, vivificando-as e fazendo-as possíveis com seu entusiasmo e seu alento criador, mas que não se conte com eles para consolidá-las. Os Ratos, quando se encontram num edifício solidamente estruturado, a única coisa que sabem fazer é roê-lo, destruí-lo.

Eles têm má fama no Oriente porque destroem o imobilismo, a inércia que tanto lhes compraz; e os astrólogos chineses veem nisso agressividade e inquietude ameaça à paz do seu mundo. Mas, o Rato ocidental é muito distinto, já que sua agressividade serve para remover as estruturas e propiciar as mudanças necessárias.

O Rato liga facilmente amizades, mas não sabe fazer amigos duradouros. Os amigos servem-lhe para viver uma rota, um caminho, para aproveitar a fundo uma oportunidade, já que o Rato é o mais oportunista dos animais zodiacais chineses. Mas, uma vez a aventura apurada, o Rato encaminha-se para viver novo episódio, como esses heróis das histórias infantis que vagam pelo mundo sem cessar. Ela anda e os demais ficam brigando na brecha aberta graças ao Rato. Um dia, talvez, a encontrará e protagonizarão juntos nova aventura, mas o Rato não volta jamais sobre seus passos. Necessita cenários novos para sua ação, novos climas, novos países.

Assim é o Rato em seu foro interno, para dizer a verdade, o mundo tal como está estruturado hoje em dia não é para que os Ratos cresçam e se multipliquem, e muitos, muitíssimos, são os Ratos que se veem obrigados a viver uma vida prosaica que não estabelece harmonia com suas potencialidades. Então, ocorre que os Ratos se tornam histéricos, tornam-se paranoicos, sentem-se perseguidos, mitificam-se, se autoelegem heróis e vivem mentalmente e emocionalmente o que a estrutura física do mundo os impede de protagonizar em carne e osso.

O Rato ganha dinheiro facilmente, mas nunca de modo regular. Sempre o consegue em circunstâncias extraordinárias ou em trabalhos extras. Com o passar dos anos, essa insegurança permanente nas cobranças, e a pessoa torna-se conservadora e egoísta e mostra-se Rato com seu dinheiro, guardando-o e entesourando-o ante o temor de que um dia lhe falte. Amiúde, fala do seu retiro num lugar tranquilo e ensolarado, mas se trata de um falso sonho, inspirado pelo temor que lhe dá sua insegurança. Na realidade, o Rato não viverá tranquilo jamais em lugar algum, porque é seu o rodar como uma bola de neve, acumulando experiências, protagonizando sucessos.

Os ratos evoluídos são dotados de uma poderosa imaginação aberta a toda classe de criações. Podem ser agudos observadores políticos, filósofos, descobridores de elementos científicos, promotores de um novo humanismo. Mas os ratos não evoluídos mobilizam seu talento para a crítica e resultam, às vezes, geniais em seu exercício, brilhantes na formulação dos seus conceitos, mas com tendência à destruição mais do que à criação. Quando a paixão nubla a mente dos ratos inferiores, podem chegar a ser ruins e cruéis na formulação de suas críticas. Não obstante, há em todos eles um fundo de honestidade que os impede de toda persistência na maldade. E um dos seus elementos primordiais é o de não ser persistente em nada, nem no bem, nem no mal. A política atrai enormemente o Rato, não tanto para desenvolver programas que não tem, mas para se desembaraçar de suas prodigiosas energias que lhes dão uma constante sede de ação. Se frequentemente são gente de ideias, não o são de ideologias, e quando se ocupam de política passam de um partido a outro com extrema facilidade. Trazem consigo um desígnio pessoal e acham-se com a organização mais idônea para ajudá-los a realizá-lo. Uma vez realizado esse desígnio, deixam que outros administrem a obra e eles passam a outra coisa.

Essa força que os lança à torrente da ação centra-se, às vezes, em seu sistema emocional, dando-lhes uma rara capacidade para a expressão de emoções. Então, o Rato converte-se num artista consumado. Shakespeare, o maior dos dramaturgos clássicos e ao mesmo tempo, ator, era Rato. Outros grandes atores pertencem a este mesmo signo.

Trabalha com a imaginação, com suas facções, impelindo e utilizando a força organizadora dos demais. O que raras vezes fará o Rato será trabalhar com suas próprias mãos. Os Ratos femininos rejeitam o mais que podem as tarefas domésticas e utilizam os mais refinados argumentos para justificar sua atitude.

No Lib Women's devem encontrar-se muitos Ratos, não por convencimento, mas como meio de fugir do mundo doméstico. Não obstante, a esses Ratos agrada-lhes açambarcar, ter a dispensa cheia, intrometer-se pelos leilões, pechinchas e mercados de pulga, fazer-se com bugigangas. Podem gastar uma fortuna em quinquilharias que nunca utilizarão.

O Rato é um grande sentimental. Por amor é capaz de abandonar tudo, e é sempre fiel a seus impulsos sentimentais. Com as pessoas queridas pode ser de uma grande generosidade, em particular com seus filhos, os quais não costumam pagar-lhe com a mesma moeda, já que, presunçosos e altivos, creem-se muito acima do Rato e, às vezes, realmente essa superioridade existe.

Porque o Rato tem o dom de atrair a si, pela vertente amorosa, pessoas que lhe são superiores e que o ajudarão a melhorar e se estabilizar. Com o apoio dos seres queridos, o Rato pode converter-se, inclusive na segunda metade da vida, em autêntico pilar da sociedade. Quando suas energias já se desgastaram numa juventude agitada, o Rato, graças ao cônjuge ou graças a um filho, pode estabilizar-se e transformar-se numa autêntica instituição. A segunda metade da vida dos Ratos costuma ser muito distinta da primeira, salvo para aqueles que ficaram ancorados em seu passado, numa etapa, por assim dizer, infantil da sua evolução.

Para conseguir essa estabilidade, por vias do amor, o Rato deve buscar um parceiro que tenha nascido sob o signo do Dragão. O Dragão veio ao mundo com a missão de acalmar os fogos sentimentais do Rato, enquanto o Rato lhe oferece um estímulo intelectual que dificilmente encontrará em outro signo. Em termos práticos, esse Dragão que há de preencher as aspirações sentimentais do Rato, há de ser oito anos mais velho do que ele ou quatro anos mais jovem. Um olhar rápido no calendário de anos regidos pelos distintos signos há de permitir ao Rato que não se equivoque em sua escolha.

O Macaco é outro signo que compagina com o Rato, porém o aporte do Macaco é, sobretudo, intelectual. Só os Ratos que superaram a etapa sentimental encontram sua plenitude num matrimônio com o Macaco. O natural é que o Rato busque o Dragão e o Macaco busque o Rato. O Dragão supõe para o Rato um esforço de sedução e conquista, enquanto que com o Macaco, é ele o conquistado e vencido.

Há outro signo que significa para o Rato um perigo iminente de união, o Cavalo, mas essa união não será o resultado, nem de uma conquista premeditada nem de um rendimento amoroso após um assédio, como no caso do Macaco, senão uma união ditada pelo destino. O Rato e o Cavalo estão predestinados a se encontrar num momento do seu caminho e talvez a unir-se pela pressão das circunstâncias, da fatalidade. Essa união pode ser feliz ou desgraçada, conforme o horóscopo solar de cada cônjuge, mas tanto num caso quanto no outro, o Cavalo é quase sempre a vítima, e o Rato, o verdugo.

Existem dois signos dos que o Rato deve fugir quanto possível: o Coelho e o Galo. O Coelho devorará literalmente o Rato, roubando-lhe sua intimidade. O Coelho pode atuar como um verdadeiro vampiro para sua família, captando o afeto dos distintos membros de sua família. O Galo atuará no mesmo sentido no que se refere à sua vida social e profissional, desviando a seu favor as oportunidades que possam surgir para o Rato. O matrimônio com um nativo de qualquer desses dois signos conduziria às mais lamentáveis frustrações por parte dos dois cônjuges.

Os três períodos mais felizes na vida dos Ratos situam-se: de 1 a 7 anos; dos 28 aos 35 anos; dos 56 aos 63 anos. Os três períodos mais difíceis: dos 21 aos 26 anos; dos 42 aos 49 anos; dos 63 aos 70 anos. Os Ratos de Áries, Leão e Sagitário são os privilegiados, os que mais facilmente encontrarão o caminho da expansão e da realização de suas potencialidades.

Os Ratos de Gêmeos, Virgem, Escorpião e Aquário, viverão igualmente num universo propício e gozarão de numerosas facilidades. Entretanto, os Ratos de Câncer, Libra e Capricórnio, viverão numa tela de fundo que não corresponde a seus talentos e capacidades e deverão medir-se com a adversidade.

Os Ratos de Peixes, conforme a tradição, num momento de sua vida farão a experiência do cárcere. Um cárcere que pode não ser físico, mas moral; ver-se-ão de algum modo impedidos de desenvolver suas potencialidades. Os Ratos são os que dão sabor à vida. Se eles não existissem, as páginas de sucessos dos jornais permaneceriam vazias, e ao mundo faltaria esse tempero dos alquimistas sem o que é impossível obter a menor transmutação.

O ano do Rato (nascidos em):

- 1900 de 31 de janeiro a 19 de fevereiro de 1901.
- 1912 de 18 de fevereiro a 6 de fevereiro de 1913.
- 1924 de 5 de fevereiro a 5 de janeiro de 1925.
- 1936 de24 de janeiro até 11 de fevereiro de 1937.
- 1948 de 10 de fevereiro a 29 de janeiro de 1949.
- 1960 de 28 de janeiro a 15 de fevereiro de 1961.
- 1972 de 14 de fevereiro a 2 de fevereiro de 1973.[1]

O ano do Rato será um ano de expansão, um ano em que assuntos em suspenso em épocas anteriores surgirão de pronto e encontrarão circunstâncias propícias ao seu desenvolvimento.

Todos aqueles que guardam um momento de decisão ou iniciativa devem pô-la em circulação no ano do Rato, pois encontrarão pessoas e instituições que se lhe tornarão propícias. Será um

---

1. *O Rato envolve um período de 12 anos.*

ano de novidades, um ano de ousadias em que se conquistarão os cimos da arte e da ciência, da indústria e de todos os seus domínios, um ano propenso às estrelas da vida. Um ano de impaciência em que os violentos imporão seus pontos de vista aos sensatos.

Na política e na vida social será um ano em que as esquerdas imporão seus pontos de vista. Os conservadores se verão superados pelas ideias inovadoras da juventude que colocarão em pauta os convencionalismos dos anciãos. Será também um ano de extremismos e de intemperança, de acusações violentas e de condenações. A intransigência se fará sentir por momentos, e a ponderação desaparecerá do cenário humano. Ano excelente para a literatura juvenil, para as películas dedicadas aos jovens. Será um ano consagrado essencialmente à juventude e à adolescência. Serão batidos recordes esportivos, se conquistarão novos ápices, se produzirão estrelas e a ciência descobrirá novas fontes de riqueza e de felicidade.

Como será o ano do Rato para os nascidos nos distintos signos

O RATO. Os nascidos no signo do Rato encontrarão nos anos do Rato um período de tempo feito à sua medida, quando deverão se mobilizar para a ação, devendo preparar seu programa humano e liberar no curso deste ano todos seus impulsos, tudo aquilo que no passado quiseram liberar e não puderam fazer, então, esse será o momento. Deverão, pois, tentar de novo aquilo que antes lhes falhou, ir aclamar às portas, amealhar vontades, impor sua marca ao mundo. Será o momento de confirmar seu eu acima das vontades alheias. Será o seu ano, o ano do seu triunfo, e deve aproveitar todos os momentos, todos os minutos, todas as oportunidades; o que iniciar este ano dará resultados surpreendentes; a única coisa que não deve fazer é permanecer estagnado.

O BÚFALO. Para os nascidos sob o signo do Búfalo, o ano do Rato será um período providencial. A providência lhes imporá as situações que devem viver, com tanta força, que não terão mais do que seguir a corrente para conseguir o melhor. Mas, conforme seja seu horóscopo solar, pode ser a fatalidade a que se imponha em sua vida com igual força, e o Búfalo não pode fazer mais do que aceitá-la. Será um ano de redução de liberdade, um ano de imposição de coisas boas ou más, que não dependerão de sua vontade; aproveitar as oportunidades e aceitar a fatalidade deve ser a ordem do Búfalo para o ano do Rato.

O TIGRE. Para os nascidos sob o signo do Tigre, o ano do Rato será um ano de grandes amizades e de grandes realizações. O Tigre é individual, é independente em suas ações, mas se souber aceitar os conselhos dos amigos e atuar em equipe obterá grandes benefícios no ano do Rato. Seus amigos serão violentos e irascíveis, mas muito úteis para forçar as situações e levá-lo à realidade dos seus objetivos.

O COELHO. Os nascidos sob o signo do Coelho terão desejos de exteriorizar no ano do Rato: desejos de conquistar novas posições, desejos de abandonar o que têm em mãos, ainda que seja seguro, para ir até a insegurança. Será, para eles, certamente um ano de conquistas, mas também, um ano de muitos riscos. O Coelho não costuma ser valente, mas neste ano será, talvez demasiado ousado, inclusive já que se meterá em situações que não domina e isso será certo, sobretudo, no plano profissional. Será preciso que o Coelho aprenda muito para não se encontrar, irremediavelmente, excluído da posição que de forma imprudente quis conquistar.

O DRAGÃO. Os nascidos sob o signo do Dragão encontrarão no ano do Rato um período muito propício à sua expansão. Sem dúvida, realizarão longas e talvez acidentadas viagens nas quais conseguirão impor totalmente seus pontos de vista. Ano também de expansão intelectual. O Dragão descobrirá novas ideias e também novos ideais no ano do Rato e se verá aceito pelo chefe no ambiente em que viverá. Ano de honras e de dignidade, ano em que o Dragão obterá medalhas, ganhará títulos e poderá satisfazer inteiramente sua vaidade.

A SERPENTE. Os nascidos sob o signo da Serpente realizarão grandes negócios no ano do Rato, encontrarão aliados afortunados e graças à atividade deles poderão conseguir o que não conseguiriam com seu esforço pessoal. A Serpente será muito hábil em conseguir vantagens no ano do Rato, será também um ano propício ao exercício da sexualidade. A Serpente será mais apaixonada do que de costume, será capaz de sacudir sua timidez para empreender a conquista do sexo contrário, uma conquista essencialmente encaminhada à obtenção do prazer. Não se exclui que a Serpente deva enfrentar um escândalo no ano do Rato.

O CAVALO. Os nascidos sob o signo do Cavalo encontrarão muitas oposições no ano do Rato, oposições que lhe virão, sobretudo, do mesmo Rato, de modo que deveriam fazer todo o possível para evitar o trato com ela e não buscar nenhuma aliança, nem de tipo sentimental nem para os negócios, com pessoa nascidas sob o signo do Rato. O único conselho que se pode dar ao Cavalo é que aceite a direção dos demais, que os secunde em suas ações, porque, melhor será que os tenha por aliados do que por rivais. Não há de ser difícil conseguir isso, porque o Rato terá em mente uma ideia: a de conquistá-lo, que deixe pois conquistar e aceite ali o Rato.

A CABRA. Para os nascidos sob o signo da Cabra o ano do Rato será um ano de muito trabalho, de muito labor e não muito bem retribuído. A Cabra terá de fazer aquelas coisas desagradáveis das quais tem fugido até agora, e o melhor é que se prepare para o serviço, para prestar serviços ou favores aos demais. Ser-lhe-ão apresentadas importantes ocasiões para prestar serviço e será no cumprimento das suas obrigações que a Cabra se realizará. A Cabra gozará de boa saúde neste ano; a única coisa que não deve fazer é empregar pessoal ao seu serviço, porque esse pessoal lhe será insubordinado.

O MACACO. Para os nascidos sob o signo do Macaco, o ano do Rato será um ano de grandes e magníficos amores. As pessoas queridas lhe darão grandes satisfações, em particular os filhos, se os têm. Cuide da promoção dos filhos no ano do Rato. Os Macacos que não descobriram ainda o amor encontrarão no ano do Rato o ser ideal, a pessoa que se complementa exatamente com eles. Será um ano de intensa felicidade, e é aconselhável que o Macaco aguarde o ano do Rato para seus compromissos sentimentais.

O GALO. Para os nascidos sob o signo do Galo, o ano do Rato constituirá um período de instabilidade familiar. Sucederão coisas em seu lar, sua família se encontrará em efervescência e terá de acalmar muitos descontentes. Se no passado descuidou das suas obrigações familiares, elas lhe apresentarão a fatura no ano do Rato, e deverá dedicar-se a resolver os problemas de sua família e da sua intimidade. Ao Galo agrada-lhe mais, demasiado, a vida de sociedade. No ano do Rato deverá mudar. Estará com os seus e tratará de satisfazê-los em suas íntimas aspirações.

O CÃO. Os nascidos sob o signo do Cão encontrarão no ano do Rato um pedido feito à sua medida com muitas idas e vindas, com muitos vaivéns, muitos contatos que darão lugar à iniciação de coisas novas. Seu espírito vanguardista encontrará ocasiões propícias à sua implantação. Ano de surpresas, de acaso, de imprevisto, de alianças com pessoas audazes, com quem realizará um trecho de caminho juntos.

O JAVALI. Para as pessoas nascidas sob o signo do Javali, o ano do Rato será um ano de triunfo material. Tudo o que iniciou anteriormente lhe dará seus frutos e esses frutos serão magníficos, exuberantes, impressionantes. O Javali se enriquecerá no ano do Rato e esquecerá, provavelmente, sua missão espiritual para se lançar ao fabuloso mundo dos negócios. Será também para o Javali um ano de gastos, um ano de prazeres, em que gozará de tudo aquilo que se pode comprar com dinheiro.

O Búfalo

Se o Rato é, essencialmente, o indivíduo que vai até as coisas, que as cria, as transforma, as produz, o Búfalo é como o reverso dessa moeda. São as coisas que vão até ele. O Rato busca, o Búfalo é buscado. É buscado pelo magnetismo que se desprende dele, por sua amabilidade, seus modos refinados, por sua beleza. A mulher Búfalo conta-se entre as mais belas do Zodíaco chinês. O Búfalo é buscado pela força tranquila que vive em seu corpo geralmente robusto, pela segurança que inspira.

Nada estranho, pois, que o Búfalo seja conservador e que se sinta à vontade no mundo tal qual é. As injustiças não chegam até ele, cuja vida se desenvolve num universo amável e pacífico e não sente a necessidade de mudar um entorno humano que oferece uma imagem Rato, sedutor.

Se algum dia o Búfalo decide lutar por alguma coisa, é para conservar o *status quo, o stablishement,* no caso das forças exógenas o ameaçarem. Se sua natureza de Búfalo estiver muito acentuada, pela posição de planetas violentos em seu horóscopo solar, então nos encontraremos frente ao ultra, ao conservador, ao fanático de uma ideologia em declínio ou ao praticante de uma religião que só venera e respeita seus ritos exteriores, sem se preocupar em cumpri-la em sua essência. O perigo de cair no arcaísmo é sempre uma ameaça para o Búfalo.

Uma das suas grandes virtudes é a eloquência. Não só sabe dizer as coisas de um modo refinado e sedutor, mas o timbre de sua voz e seus gestos produzem no auditório encanto hipnótico. Que não se esperem de seus discursos as inovações, as ideias renovadoras e audazes, porém é um mestre consumado na expressão de lugares comuns. Quando o Búfalo fala da Pátria, da Mãe, do Pão e da Justiça, o faz de tão comovedora maneira que as multidões não demoraram em lhe outorgar seu voto de confiança.

Com tais dotes, abre-se facilmente o caminho na política, nos partidos conservadores. Claro está e, às vezes, o Búfalo pode ser um inimigo perigoso, quando se lhe excita e se lhe faz sair dos trilhos. Porque este Búfalo tão pacífico tem um inconsciente carregado de violência, de cólera, de perversos desígnios. Quando sua consciência transborda-se, é o inconsciente o que toma o timão da sua vida, então veremos um Búfalo sem piedade, arremetendo contra seus inimigos, sem fixar o topo ao descobrimento de seus instintos, podendo chegar até o crime, passando por todas as vilezas. O Búfalo, com o inconsciente ativado por concentrações planetárias de seu Horóscopo solar, é um ser essencialmente perigoso.

O Búfalo é um animal zodiacal sedutor, tanto na sua versão masculina quanto na sua versão feminina, nesta muito mais, já que as tendências do signo são eminentemente femininas. Mas, inimiga de trocas, adapta-se dificilmente às novas modas e às críticas, às vezes, com ferocidade. Adepta de minissaias, de biquínis, gosta de cabelos longos, de música moderna etc.

Não obstante, como vive profundamente arraigado aos costumes do seu tempo, acaba finalmente por se adaptar às novas modas, ainda que o faça com considerável atraso em relação ao maior número da população. Os tempos que vivemos, em que a moda muda com frequência alucinante, são tempos difíceis para o Búfalo, porque sempre se encontra atrasado com a moda. Afortunadamente, veio a maxissaia e a moda "retrô" e nelas sim, o Búfalo encontra o que lhe atrai. Entre o público que enche diariamente os cinemas onde se projeta "O Grande Gatsby" e filmes do estilo, quantos Búfalos se encontrarão? Sem dúvida, muitos, muitíssimos.

E onde o Búfalo reina em soberania absoluta é em sua vida familiar. Se for varão, será o rei da casa. Conforme as influências que ocorram em seu tema solar, sua monarquia familiar poderá ser absoluta ou constitucional, mas de um modo ou de outro, encontrará sempre o meio de se outorgar mais votos do que o resto da família, assegurando o triunfo do seu ponto de vista.

Como pai, o Búfalo fará que seus filhos passem pelo modelo de seus princípios e que seja o que ele é: os educará nos mesmos colégios, buscará os mesmos professores, se possível, lhes imporá as mesmas normas que a ele foram impostas pelos seus pais, e preparará os filhos para que exerçam a mesma profissão que ele. Não será tolerado nenhum desvio, porém se o filho se apartar desse caminho previamente traçado, considerará uma grande desgraça. Contudo, por atribuir alta relevância à sua missão familiar, o perdoará, será condescendente com a "ovelha negra" e se consolará, pensando ser portador de muito mérito ao aceitar essa "ovelha" que outros pais teriam arrojado do seio da família. Será teatral, grandiloquente nos seus sermões familiares, e os filhos não esquecerão facilmente desse pai patriarcal e um pouco passado de moda.

Como pai, o Búfalo observará as mais escrupulosas regras horárias, higiênicas, de nutrição. Sua família se encontrará em datas fixas, com a mais rigorosa rotação dos planos tradicionais: paelha aos domingos e às quintas, dourado, cozido, sopa, pernil com grelos, o que seja, conforme a região a que pertença, nas típicas festas de Natal, Páscoa etc. Búfalo feminino será uma dona de casa delicada, ordenada e querida, muito querida para seu marido, posto que se negará a comprar tudo o que suponha inovação, como por exemplo, os produtos congelados, que combaterá com extremo ardor, com paixão e tão pouco mudará de fornecedor para passar a um mais barato. Será cliente acérrima, até o sacrifício, até a morte, pouco dada às compras anônimas em supermercados e autosserviços. Preferirá seu comerciante pessoal, a quem referirá seus problemas, se interessará por sua saúde, indo à loja como se vai a um clube, sem esquecer jamais de perguntar quem é a última.

Como filhos, os Búfalos se sentirão desconfortáveis, porque sua sede de mando os fará entrar em conflito com a autoridade paterna e serão filhos em permanente estado de rebeldia, mas acabarão se submetendo à voz da hierarquia.

O comportamento amoroso dos Búfalos resulta frequentemente decepcionante para o parceiro. Os Búfalos são muito econômicos em seus sentimentos. Dão com conta-gotas e necessitam um marco adequado para o exercício da sentimentalidade. Não cumprem as promessas que suscitam com seus olhares magnéticos, com seus ares felinos. Atraem grandes amantes, mas o que eles querem é satisfação de ordem intelectual.

Os Búfalos veem-se implicados amiúde com reuniões precipitadas, já que ante a enorme oferta amorosa que recebem, acabam por ceder. Com o passar do tempo, cada um dos cônjuges se dá conta de que o outro não é a pessoa que esperavam encontrar e o matrimônio segue a trancos e barrancos, em meio a constantes crises. Ursula Andress, nascida em 1937, ano do Búfalo, poderia constituir uma ilustração do que estamos dizendo.

A Serpente e o Galo são os que mais combinam com o Búfalo, mas a Serpente é tímida e introvertida e ainda que se encontre louca de admiração ante o Búfalo, raras vezes se atreve a manifestar-lhe seu amor por receio de ser rejeitada, posto que ela mesma tenha o sentimento de não merecer tanta beleza. Entre a Serpente e o

Búfalo estabelecem-se, pois, amores românticos que não costumam passar dessa fase.

O Galo é tímido também, mas por razões distintas: custa-lhe triunfar, carece com frequência de meios que não estejam ao seu alcance. Será na maturidade que o Galo poderá conquistar o Búfalo, quando os meios econômicos possam permitir-lhe, já que o Búfalo é muito sensível ao conforto e à opulência. Pela força das circunstâncias é, porém, muito possível que essa união Galo-Búfalo seja de natureza extraconjugal. Para o Galo masculino, o Búfalo feminino será um signo exterior de sua riqueza e seu triunfo. Quem na verdade conquistará logo cedo o Búfalo será a Cabra que é, na realidade, a única capaz de rir-se da beleza e do refinamento do Búfalo, assim também de humilhá-lo profundamente. Mas, acostumada, a Búfala fêmea ao ver os demais animais rendidos de admiração ante ela, se enamorará profundamente e fatalmente dessa Cabra traidora que a levará pela rua da amargura, mas dirá com um suspiro o refrão daquela canção: "É meu homem".

O Macaco exerce sobre o Búfalo real fascinação, mas de tipo sexual, e as relações entre os dois signos costumam ser apaixonantes, a menos que se trate de seres de exceção, situados num plano evolutivo mais elevado. Em tal caso, o Macaco pode abrir ao Búfalo as portas da percepção espiritual e descobrir um universo sem fronteiras. Poucas possibilidades de entendimento com o Dragão e o Cão; amizade e boas relações com o Javali e o Coelho; o Cavalo lhe será útil em seu trabalho. A união Búfalo-Rato, ainda que em princípio seja viável, fará do Búfalo um sacrificado, devendo suportar o peso da instabilidade do Rato.

Os três períodos mais felizes na vida dos Búfalos situam-se dos 7 aos 14 anos; dos 35 aos 42; dos 63 aos 70. Os três períodos mais difíceis: dos 28 aos 35 anos; dos 40 aos 56; dos 70 aos 77 anos.

Os Búfalos de Touro, Virgem e Capricórnio serão os que se encontram mais em seu ambiente, vivendo num universo propício às realizações. Em menor medida, também o Búfalos de Câncer, Libra, Sagitário e Peixes poderão alcançar facilmente seus objetivos. Em troca, os Búfalos de Leão, Escorpião e Aquário viverão num universo pleno de contrastes e possivelmente se verão frustrados nas suas grandes ambições.

Os Búfalos são portadores de beleza e de prosperidade, mas quando esse ideal é exaltado pelas configurações planetárias do seu horóscopo solar, então podemos nos encontrar ante um cruel sonhador de um mundo impossível, obcecado pela ideia de estabelecer uma ordem que há de fazer felizes os mortais, prescindindo de seu conhecimento. Essa ideia de felicidade e prosperidade à força era provavelmente a que existia nas raízes de Napoleão e de Hitler, dos célebres e sinistros representantes do signo do Búfalo.

O ano de Búfalo (nascido em):

- 1901 de 19 de fevereiro a 8 de fevereiro de 1902.
- 1913 de 6 de fevereiro a 26 de janeiro de 1914.
- 1925 de 25 de janeiro a 13 de fevereiro de 1926.
- 1937 de 11 de fevereiro a 31 de janeiro de 1938.
- 1949 de 29 de janeiro a 17 de fevereiro de 1950.
- 1961 de 15 de fevereiro a 5 de fevereiro de 1962.
- 1973 de 3 de fevereiro a 22 de janeiro de 1974.[2]

O ano do Búfalo será um ano de enriquecimento para todos. Todas as categorias sociais se encontrarão satisfeitas e contentes. Muitos dos problemas projetados sobre o mundo se resolverão pacificamente.

---

2 *O ano do Búfalo retorna a cada 12 anos.*

Não se descobrirá nada, não se levantará nada, mas haverá prosperidade e isso agradará a todos. Os conflitos sociais estarão diminuindo e se acomodarão pacificamente. Será um grande ano para os agricultores, suas colheitas serão magníficas, não haverá inundações, não haverá catástrofes naturais. Os partidos conservadores viverão seu grande momento, mas no plano intelectual, o Búfalo favorecerá a implantação de ditaduras e de dogmatismos ante os quais ninguém reagirá, porque todos estarão contentes. O ano do Búfalo parecerá um jardim e seus habitantes buscarão o prazer.

Como será o ano do Búfalo para os nascidos nos diferentes signos

O RATO. Para os nascidos sob o signo do Rato, o ano do Búfalo será ano de abundância. Sua posição social se consolidará e esquecerão sua sede de conquista para se tornar burguês. O Rato se tornará caseiro no ano do Búfalo e desprezará o social, menos o dinheiro, seus objetivos se realizarão e o Rato dormirá feliz.

O BÚFALO. Os nascidos sob o signo do Búfalo encontrarão seu grande momento nos anos do Búfalo. Seu magnetismo será enorme e conquistarão um número impressionante de pessoas. Receberão solicitações de amor, de amizade e de negócios, e o Búfalo se encontrará no centro da vida. Não será necessário que faça muito para que tudo lhe saia bem, bastará que exista, os demais se encarregarão de lhe trazer todos os presentes, e o Búfalo, então, será como o rei da criação.

O TIGRE. Para os nascidos sob o signo do tigre, o ano do Búfalo trará uma série de acontecimentos felizes, mas talvez o Tigre não aceite os presentes do Búfalo, já que agrada a ele conquistar tudo por sua conta, e este ano não será um ano de conquistas, mas um ano de presentes; entre os quais poderia encontrar essa caixa de Pandora da qual saíram todos os males restando somente a esperança. Um conselho podemos dar ao Tigre: que aceite tudo, bom ou mau, o que lhe caia, no ano do Búfalo.

O COELHO. Para todos os nascidos sob o signo de Coelho, no ano do Búfalo encontrarão padrinhos. O Coelho é frágil e necessita de protetores, gorilas, guarda-costas, e no ano do Búfalo os encontrará em abundância. O Coelho é rico em sonhos e no ano do Búfalo há de encontrar poderosos aliados que o ajudarão a se realizar. Será, pois, um ano de realizações, mas terá que buscar constantemente o apoio dos demais. Que o Coelho não tente nenhuma ação isolada, porque no ano do Búfalo estará condenado a fracassar. Será também um ano de grandes amizades para o Coelho, sobretudo no campo do sexo oposto; amizades ambíguas que o Coelho não saberá identificar se amizade ou amor.

O DRAGÃO. Os nascidos sob o signo do Dragão encontrarão no ano de Búfalo sua consagração profissional e social. Ver-se-ão plenamente aceitos enquanto líderes, chefes, não só por massas populares, mas também pelas pessoas bem situadas que irão ajudá-los a se encontrar. Será um ano em que os nascidos sob o signo do Dragão deverão se dirigir a personalidades importantes, a empresas de primeiro plano para lhes expor seu programa, suas ideias. A força da sua personalidade será impressionante no ano do Búfalo.

A SERPENTE. Os nascidos sob o signo da Serpente encontrarão no ano do Búfalo ocasiões que expandirão sua vaidade, mas se verão mais compreendidos longe da sua cidade, do que no seu próprio lugar de residência. Será para a Serpente um ano de grandes e importantes viagens, um ano em que sua inteligência brilhará com fulgor particular; um ano em que conquistará, por sua inteligência, não apenas personalidade do mundo científico, mas também pessoas do sexo oposto que ficarão rendidas ante seu talento e ante a grandeza das suas concepções.

O CAVALO. Os negócios do Cavalo serão muito rentáveis nesta época do ano do Búfalo. Ganhará dinheiro sem necessidade de trabalhar; virá graças a subsídios, doações, heranças, talvez, graças também ao aporte dos demais ao trabalho de seus aliados e de seu cônjuge. Seus interlocutores, seus intermediários serão em ouro maciço para o Cavalo no ano do Búfalo e também pode enriquecer-se espiritualmente, compreendendo e incorporando a seu ser profundos valores aos que antes não dava importância.

A CABRA. No ano do Búfalo pode ser interessante à Cabra deixar a iniciativa aos demais, aos que a rodeiam, a seus íntimos colaboradores, a seus aliados, a seu cônjuge. As coisas sucederão de tal modo que os que se encontram frente a ele terão todos os poderes, toda a sorte, todas as iniciativas, todas as possibilidades de realização. Que saibam utilizá-los para falar em seu nome para as gestões, e sua vida se verá facilitada. Se, pelo contrário, quiserem ser eles a tomarem a iniciativa das coisas, no ano do Búfalo, Cabras fracassarão.

O MACACO. Os nascidos sob o signo do Macaco estarão muito atarefados no ano do Búfalo. Serão trabalhos agradáveis e lisonjeiros, mas não muito rentáveis. Os Macacos aspiram à direção das empresas, mas no ano do Búfalo deverão servir na condição de assalariados. Não é pois, um ano propício ao desenvolvimento de suas ambições, mas se souberem se contentar um pouco, os Macacos viverão felizes no ano do Búfalo. A ocasião de prestar serviço se lhes apresentará, e por meio do serviço poderão gozar de alta estima em seu meio social.

O GALO. Os nascidos sob o signo do Galo, no ano do Búfalo, viverão grandes amores. Não somente se verão mais inclinados ao exercício da ternura e ao romantismo, mas encontrarão ocasiões propícias às práticas amorosas. Aos Galos agrada-lhes o "retrô" e acharão no ano do Búfalo a pessoa que partilhe com eles dessa afeição. Pelas vias do amor entrarão na prosperidade e se sentirão felizes, sem desejos de ir mais além, nem de conquistar posições sociais. Será um ano de sorte, um ano em que poderão engendrar um filho. Os Galos femininos serão mais fecundos do que em qualquer outro momento e não lhes será preciso consultar o professor Hugo de Wateville, ginecologista pessoal de Sofia Loren, para conseguir trazer um filho ao mundo.

O CÃO. Para os nascidos sob o signo do Cão, o ano do Búfalo não será favorável para a expressão. Em troca, será para tudo o que se refere à organização da sua vida interior, à organização e embelezamento do seu lar e à fundação de um lar. Os Cães são excessivamente independentes, mas no ano do Búfalo sentirão a necessidade de se ater à necessidade de encontrar uma boa estaca em que possam ficar ancorados para toda a vida. Que o Cão não abrigue outras ambições no ano do Búfalo, senão a de estabelecer um lar, uma família e de consolidar sua vida interior.

O JAVALI. Se para o Javali o ano do Rato constitui-se um ano de expansão econômica, no ano do Búfalo sentirá a necessidade de criar novas relações, novo marco de vida. Preenchidos já seus apetites, o Javali sentirá a necessidade de criar novas experiências e as encontrará em sua medida no ano do Búfalo. Irá relacionar-se com pessoas bem situadas, bem pensantes, pessoas que o ajudarão consideravelmente em seus desejos de expansão. O Javali viajará, fará turismo no ano do Búfalo, se interessará pelas maravilhas da Natureza e pelos objetos antigos, enriquecerá sua alma depois de haver enriquecido materialmente.

O Tigre

Na tradição chinesa, a figura do Tigre tem má reputação. É ele quem se encontra sempre na oposição, o cabeça de movimentos contra os poderes estabelecidos, o líder dos descontentes, o imprudente que violenta tudo.

Na realidade, com o passar do tempo, o Tigre mudou, ou melhor dizendo, o que mudou foi a estrutura do poder. Se o Tigre era o inimigo tradicional de um poder absoluto e arcaico, em troca, ele pode ser o colaborador no sistema democrático moderno. Expliquemos isso.

O Tigre é o que percorre o mundo e se interessa por tudo, vendo muito especialmente o que vai mal. Se Rato é um construtor do universo, sem se preocupar se sua obra é boa ou má, sendo o essencial para ele o poder desembaraçar-se de suas energias criadoras, o Tigre é também um construtor de mundos, mas dentro de uma ordem, de uma lógica, de uma moral.

O Tigre não sabe endereçar as coisas, não se interessa em profundidade pelas causas; ele só vê os efeitos e os denuncia para que os corrija quem possa e deva.

Quando vive num país com estrutura política imobilista, como na China dos Imperadores, o Tigre é um inimigo do poder, porque põe em realce suas carências, mas na sociedade moderna o Tigre é um colaborador desse poder e um informante de primeira ordem.

A escrita do Tigre é hábil e sedutora; sabe expor as coisas com arte consumada, e daí que o Tigre moderno encontra-se frequentemente nas redações dos jornais, pondo o dedo na chaga do que vai mal.

Mas, cuidado! O Tigre é um animal sem ideologia precisa e sob o domínio de um partido determinado pode-se confundi-lo facilmente com um membro do partido contrário, por suas críticas e sua ironia fácil; quando esse outro partido se ache no poder, também será o crítico opositor.

O Tigre não obedecerá a imperativos ideológicos, senão que responderá emotivamente a situações reais. Sua extrema mobilidade faz com que se encontre sucessivamente em pontos distintos da Terra. Pontos geralmente quentes, onde ferve o futuro do seu país ou do mundo inteiro. Eles veem o que se passa, impregnam-se do sentir da gente do lugar e, então, suas ideias preconcebidas desplumam-se para serem embandeiradas pelas causas que defendem aquela gente, ainda que essa causa seja injusta dentro de um contexto mais geral. Dessa forma e para dar um exemplo, um general que foi enviado por seu país para aplacar uma rebelião colonial pode acabar sendo chefe dos revoltosos e o mais ardente defensor de sua causa.

O Tigre necessita das relações humanas como o ar que respira. Por se desenvolver facilmente e sua silhueta ser graciosa, destaca-se em qualquer lugar e essa sensação de ser o amo lhe é muito grata. Sendo hábil intermediário, se lhe encontrará exercendo uma profissão que exija contatos com gente, mas suas ânsias de conflito, de perigo, de sacrifício, o conduzirão sempre a situações dramáticas.

Se for jornalista, pedirá para ir onde caem bombas; se for militar, se apresentará como voluntário em todas as missões de risco; se for representante, pedirá à sua firma os mercados mais difíceis. Os Tigres têm a virtude de ser sempre as testemunhas de cenas dramáticas: acidentes ocasionais do trânsito, queda de edifícios, acidentes de caça, terremotos etc. Geralmente, onde há algo que necessite ser corrigido, ali se encontra um Tigre por testemunha disso.

Os Tigres femininos são muito escrupulosos na sua vida doméstica. Agrada-lhe que tudo ande com extrema perfeição, e a menor desordem põe-nas fora de si. Como essa desordem resulta inevitável na vida familiar, chegam a se aborrecer com as tarefas domésticas. Na condição de cônjuges resultam incômodos por seu perfeccionismo exagerado. Por outra parte, o lar dos Tigres costuma ser pouco confortável. Atirados à aventura exterior, seu interesse pela intimidade é medíocre e esse modo de ser vai situá-lo num contexto exterior em afinidade com seu foro interno. No plano financeiro, o Tigre tem pouco respeito ao dinheiro. Pode ganhar grandes somas em assuntos um pouco obscuros, algo de fabulosos (seu modo de ganhar dinheiro é uma verdadeira novela), mas as perderá com a mesma facilidade em jogos, apostas, bolões esportivos e demais formas rápidas de perder. Em redor do tapete verde do Cassino de Monte Carlo ou de qualquer outro encontram-se com toda segurança numerosos Tigres que se esforçam em não aparentar nada enquanto a paixão os rói por dentro. Na classe de indivíduos inferiores desse signo encontraremos exploradores de mulheres, e de um modo geral os Tigres masculinos engendram-nas para viver se não da exploração, da ajuda, da promoção ou da proteção de uma mulher.

Na vida amorosa, o Tigre demonstra ternos sentimentos e talvez seja o mais romântico, o mais sentimental e o mais refinado amante do Zodíaco Chinês, mas em troca, sua vida sexual é cheia de contratempos, de obstáculos, de impedimentos que podem inclusive chegar a ser físicos, ou seja, ter má formação dos órgãos sexuais ou que sejam pouco desenvolvidos. Há Tigres femininos frígidos e Tigres masculinos impotentes. Essas deficiências sexuais, quando existem, condicionam sua psique de tal forma que os Tigres buscam o fracasso no amor que, verdadeiramente, torna-se o pretexto para não chegarem à sorte final, à hora da verdade, que deixaria sua deficiência exposta.

O Cavalo e o Cão são seus mais sólidos aliados sentimentais. O Cavalo aportará nova dimensão à sua vida, o desviará do seu afã absoluto de espetáculo, de testemunha, de drama, suscitando seu interesse pela arte e pela beleza. O Tigre, junto ao Cavalo, acabará civilizado, convertido numa espécie de Supercoelho. Sua vocação pela crítica bifurcará em proveito da estética e da arte. Converter-se-á em Tigre de salão, e ainda que continue sendo um animal de esquerda, já não será uma esquerda selvagem, mas "divina".

O Cão, pelo contrário, multiplicará sua rebeldia, seu inconformismo e formará com o Tigre um casamento com o detonador à mão, sempre em busca de guerras onde testemunham e se não as houver, as produzirão.

Mas o mais preparado para dar réplica ao Tigre é o Macaco. São muito distintos, mas se complementam. O Macaco possui a profundidade que falta ao Tigre e o idealismo que tão ligeiramente descuida; com a união do Macaco sua ação cobra transcendência. Não obstante, o Tigre nem sempre está em condições de seguir o itinerário humano do Macaco e, por outro lado, como o Tigre faz amizades, estabelece relações e afeições, com muita facilidade, sua união matrimonial resulta frágil, tanto seja o cônjuge Cavalo, Cão ou Macaco.

O Rato é o amigo natural do Tigre; é o animal que lhe inspira proezas, que acende seus ânimos e que cria as ocasiões que lhe permitirão desprender suas potencialidades e talentos. O Dragão é seu aliado mais útil, porque costuma encontrar-se em boa posição. Os Dragões nunca estão muito afastados dos Tigres e com frequência se encontram na mesma família, como irmãos ou primos. Os Dragões são gente que vive muito próxima da vida cotidiana do Tigre e que podem tirá-lo muitas vezes de apuros.

A Cabra e o Galo podem igualmente colaborar com eficácia na vida do Tigre, que, em troca, deverá evitar o trato com a Serpente e o Javali.

A Serpente interessa-se pelas causas que atuam no mundo, enquanto que o Tigre só vê os defeitos. Os conhecimentos do Tigre são superficiais, mas muito estendidos, enquanto que a Serpente é o clássico especialista que conhece muito a fundo uma disciplina determinada. Não podem estar de acordo, porque partem de pontos de observação muito diferentes.

O Javali, em questões relacionadas à ideologia, ofusca o Tigre. De certo modo, esse animal representa o ideal de vida do Tigre, contudo sem conseguir descobri-lo. O Javali é sua meta, seu objetivo e também seu juiz, por isso o Tigre sente-se desconfortável e intimidado com o Javali, porque junto a ele sente todo o peso de seus ideais traídos.

Os três períodos mais felizes na vida do Tigre são os compreendidos entre os 14 e os 21 anos; dos 42 aos 49 anos e dos 70 aos 77anos. Tudo lhes vai de forma muita promissora por volta dos 20 anos, o que faz dos Tigres grandes triunfadores precoces, capazes de se situarem solidamente muito cedo na vida.

Os três períodos mais difíceis: dos 35 aos 42 anos, dos 56 aos 63 e dos 77 aos 84.

Os Tigres de Gêmeos, Libra e Aquário serão os que mais facilmente realizarão seu programa humano, tanto no amor quanto nos negócios e na vida social. Em menor medida, também os Tigres de Leão, Escorpião, Capricórnio e Áries conseguirão o logro de seus objetivos. Pelo contrário, os Tigres de Virgem, Peixes e Sagitário não se encontrarão em seus elementos e deverão adaptar-se a um universo que não é feito à sua medida.

Os Tigres possuem inteligência prática, sem igual em todo o rincão do Zodíaco Chinês e possuem o raro dom de se fazer inteligível ao homem médio, o que sem eles resultaria complicado e difícil. Tornar fácil o difícil é sua missão. Quando abusam dessa virtude, os Tigres convertem-se, então, em fabricantes de slogans comerciais, enchendo o mundo de promessas publicitárias impossíveis de cumprir.

O Ano do Tigre (nascido em):

- 1902 de 8 de fevereiro a 29 de janeiro de 1903.
- 1914 de 26 de janeiro a 14 de fevereiro de 1915.
- 1926 de 13 de fevereiro a 2 de fevereiro de 1927.
- 1938 de 31 de janeiro a 29 de fevereiro de 1939.
- 1950 de 17 de fevereiro a 6 de fevereiro e 1951.
- 1962 de 5 de fevereiro ao 25 de janeiro de 1963.
- 1974 de 23 de janeiro ao 10 de fevereiro de 1975.[3]

O ano do Tigre será o ano de importantes mudanças para todos. O mundo mudará e as estruturas irão tamborilar. Tudo se verá sacudido espetacularmente e os edifícios mais sólidos se romperão. O ano do Tigre foi 1974, o ano do Watergate, o ano da queda de Nixon, o ano do fim do gaullismo com a morte de Pompidou, o ano da queda de Caetano em Portugal, o ano dos Petrodólares, o ano da morte de Peron, o ano da queda de Negus, o ano que viu o final do império da CIA, o ano da grande crise econômica internacional.

---

3 *O ano do Tigre retorna a cada doze anos.*

O ano de Tigre será propício à publicação de livros escandalosos, livros que poderão ser a causa da queda de homens políticos. Será, pois, um ano favorável ao jornalismo, a certo jornalismo, pelo menos; será o ano que trará ao mundo imensa esperança que talvez se veja defraudada, já que se o Tigre põe o dedo na chaga não diz como curá-la. Um conselho para todos no ano de Tigre: algo em suas vidas deverá mudar, descubram, então, o que é e mudem antes de que se vejam obrigados a fazê-lo de um modo forçado pelas circunstâncias.

Como será o ano do Tigre para os nascidos nos distintos signos

PARA O RATO. O ano do Tigre será um ano de muito trabalho. Como o Rato é por essência um ser múltiplo, que está em todas as partes, o ano do Tigre lhe oferecerá inúmeras oportunidades, mas viverá pulando a cada dia e perderá provavelmente a estabilidade de suas fontes de ingresso. Não obstante, fará numerosos relacionamentos e participará de algum grupo. Em alguma oposição, pode o Rato encontrar-se de repente, levado a alguma presidência que provavelmente não durará.

O BÚFALO. No ano do Tigre, encontrará o Búfalo esse rio revolto que dizem produz a ganância dos pescadores. Como o Búfalo é pessoa prática, saberá descobrir as ocasiões de enriquecer, e em assuntos múltiplos e obscuros poderá obter bons benefícios. Que o Búfalo pense em seu dinheiro no ano do Tigre, já que as oportunidades desse ano não tornarão a surgir tão cedo.

O TIGRE. É natural que o Tigre se encontre em sua essência no ano do Tigre. Será ele a escavar o lixo para descobrir o tesouro e o conseguirá com frequência. O Tigre se sentirá investido de uma missão que levará a cabo. Mostrar-se-á cruel, como Tigre que é, mas terá o prazer de haver participado da queda dos poderosos. Não é por dinheiro que o Tigre atuará no ano do Tigre, mas por glória. O Tigre se sentirá feliz tendo cumprido com o que crê seja o seu dever.

O COELHO. No ano do Tigre, o Coelho se sentirá um pouco Tigre. Seu subconsciente estará no poder e lhe ditará uma conduta muito distinta da habitual. O Coelho se soltará um pouco do seu destino no ano do Tigre, sairá de sua órbita, de sua linha de universo, será um pouco o Dr. Jeckill e Mr. Hyde, quer dizer, de uma pessoa que atuará de modo insuspeito e imprevisível. Todo o obscuro, o inconfessável, o misterioso irá atraí-lo poderosamente, e correrá o risco de cair na perversidade. O Coelho deixa de ser o Coelho no ano do Tigre.

O DRAGÃO. O Dragão adapta-se dificilmente às coisas novas e é por isso que o ano do Tigre não será do seu gosto, ainda que esteja longe de lhe ser desfavorável. O Dragão deverá mudar sua política no ano do Tigre e adaptar-se rapidamente às circunstâncias novas que irão aparecendo ao longo do ano. O Dragão que trouxer uma atividade política ou social poderá se encontrar no poder, se estiver na oposição. O ano do Tigre será para ele ano de mudanças, mas não ano desfavorável se aproveitar as circunstâncias e se sua personalidade adaptar-se a elas.

A SERPENTE. Todas as forças do universo se conjugarão para que a Serpente saia de sua guarda no ano do Tigre. À Serpente agrada estar apartada do ruído mundano, mas o ano do Tigre lhe oferecerá a oportunidade de ser ela mesma esse ruído. Dito de outro modo, o ano do Tigre há de ser para a Serpente um ano de promoção social e profissional. Mas, deseja realmente a Serpente promover-se? Aí está seu conflito. É aconselhável, para a Serpente, que no ano do Tigre desperte suas ambições? Os Serpentes podem se converter em líderes no ano do Tigre, ainda que essa liderança não dure, porque a humildade da Serpente não combina com as honras que nesse ano lhe cairão feito chuva do céu.

O CAVALO. Os nascidos sob o signo do Cavalo sentirão mais do que nunca o desejo de cavalgar no ano do Tigre, o desejo de abandonar tudo e partir para muito longe do lugar em que se encontram. Toda a distância os atrairá poderosamente e será para eles um ano de grandes realizações para fora de sua cidade, no exterior. O Cavalo fugirá do cotidiano no ano de Tigre e se rodeará de pessoas muito distintas. Seus ideais evoluirão pela influência das coisas que sucedem no mundo ao seu redor. O cavalo é um animal que com frequência muda de ideias, e as leituras que realizará este ano poderão levá-lo muito longe do ponto em que se encontra intelectualmente falando.

A CABRA. O que mudará para a Cabra no ano do Tigre será sua situação econômica. A cabra depende enormemente da estabilidade dos demais, e a fortuna dos seus aliados será pouco estável nesse ano. Os Cabras se verão obrigados a buscar novos horizontes econômicos e isso os levará a participar de negócios provavelmente não muito ortodoxos. Mais do que qualquer animal do zodíaco, os Cabras podem ser vítimas de uma suspensão de pagamentos no ano do Tigre ou vítimas da má gestão daquelas pessoas a quem confiaram seu dinheiro.

O MACACO. Tudo o que o Macaco vem pacientemente criando no decorrer dos anos sucumbirá no ano do Tigre. Os demais falham-lhe, o contexto social em que vive falha; é como se um terremoto houvesse removido o que estava em cima e colocado embaixo. Porém, o Macaco é pessoa de grandes recursos humanos, e nesse caso achará logo o meio de se reorganizar, já que tem precisamente grande talento reorganizador. Desse modo, os caminhos do ano do Tigre serão estimulantes para ele, sobretudo, no plano intelectual, ainda que quanto aos sentimentos e aos negócios, o ano do Tigre seja para o Macaco um ano de perdas.

O GALO. No ano do Tigre, o Galo terá dificuldades em seu trabalho, com seus companheiros, com seus servidores ou inferiores, se os tiver. Se o Galo tem pessoal a seu serviço, esse pessoal se encontrará em efervescência, deverá fazer frente a reivindicações, folgas, a insubordinações. Que procure mudar seus métodos de trabalho, que modifique seu sistema de relação com seus empregados ou com seus companheiros de trabalho; que mude tudo o que pode mudar, para não ser ele a vítima de outras mudanças. Em compensação, há de ser um ano de excelente saúde para o Galo.

O CÃO. Grande ano para o Cão, o ano do Tigre. Suas aspirações sentimentais se realizarão integralmente. Essas aspirações costumam ser múltiplas para o Cão, e no ano do Tigre encontrará essa multiplicidade de amores que tanto deseja. Mas, não serão só seus amores em nível pessoal os que se verão satisfeitos, antes seus amores sociais, seus amores humanísticos. O Cão aspira a mudar o mundo, e no ano do Tigre será o grande protagonista dessas mudanças. As estruturas se moverão e o Cão será, sobretudo, um grande especialista no ato de dinamitar estruturas.

O JAVALI. O Javali adapta-se a todas as situações, por mais difíceis que sejam, e as mudanças do ano do Tigre, se bem não as possa concernir em profundidade, saberá adaptar-se rapidamente a elas e tirar-lhes proveito de algum modo. O que mudará, sobretudo, no ano do Tigre para o Javali, será sua estrutura familiar. Pode ser o ano de sua boda, o ano da boda de seus filhos, o ano de uma mudança de domicílio, o ano em que novas pessoas serão integradas à sua família por razões diversas. Suas aspirações íntimas também mudarão e se orientará para novos horizontes, ainda que essa orientação não seja perceptível às pessoas que o rodeiam; algo ocorrerá em suas raízes que aportará profundas modificações ao longo de sua vida.

O Coelho *(ou Gato)*

O Coelho, como todos sabem, é o animal mais sociável, o que mais facilmente se deixa acariciar, o mais sensível aos mimos e aos afagos. Mas que não se procure nele fidelidade alguma. Não faz distinções entre as carícias de seu dono e as da vista que vem de passagem, e se os vizinhos lhe dão melhores condições, deixa a casa em que se encontrava familiarizado e se vai.

O Coelho zodiacal reúne muitas das características desse Coelho vulgar e corrente. É adulador, vaidoso, hábil e refinado. Busca o conforto sob todas as suas formas e sabe encontrar facilmente sua via pessoal para a felicidade.

A vida lhe resulta grata e tudo lhe é dado com pouco esforço. Em primeiro lugar, um lar confortável. Com frequência, já é encontrado muito bem instalado e cálido ao nascer, mas se seu berço é humilde, ele sabe encontrar o caminho para esse lar. O Coelho feminino será um verdadeiro artista para seu interior. As paredes de sua casa estarão cheias de quadros e decorações, a disposição dos móveis estará em consonânciacom arte agradável e o papel das paredes combinará com a cor das cortinas e com o carpete da cantoneira.

A casa será uma maravilha de colorido e de luz, e para consegui-lo o Coelho feminino seria capaz, mais ainda será capaz de contrair matrimônio com um colar em ouro maciço, que não a satisfará certamente no capítulo do amor, mas que lhe dará, sim, essa casa com que sonha.

Com um lar assim, compreende-se facilmente que o Coelho feminino seja um animal de interior, de salão, e a menos que as exigências da vida lhe forcem a isso, sai pouco ao exterior. Em troca, o Coelho recebe muito em sua casa, dá festas, coquetéis, espetáculos. A desgraçada rainha Maria Antonieta era um Coelho que passou para a História, não só pela morte na guilhotina, mas pelas festas faustosas que dava em Versalhes.

Não é que o lar do Coelho masculino desmereça o da sua colega feminino, mas vive mais lançado ao exterior. Cedo triunfa com facilidade, mas não sem luta. Esse Coelho deve atirar suas unhas para fazer aquilo que ambiciona. Se o faz, a vida concede-lhe e ganha sobre o que tenha tempo de prever o acontecimento. Mas as mesmas sete vidas que o Coelho vulgar tem, o Coelho zodiacal também tem. Seus negócios são perigosos, arruína-se, mas se refaz para voltar às andanças. Agrada-lhe os trabalhos em que possa ser independente e que aportem algo original e peculiarmente seu, mas costuma ser excessivamente audaz, excessivamente despreocupado, não utiliza computadores nem estudos de mercado, é alérgico ao marketing e assim as coisas lhe falham. Mas já dissemos, sem grandes consequências.

Muito sensível, de portas para dentro, para o que concerne à sua intimidade, à sua vida pessoal, o Coelho possui como uma blindagem cara ao exterior, de modo que os conflitos sociais, a problemática mundial, chegam até ele apurados, como se houvesse apertado o botão de "Intimidade" no seu toca-discos estéreo. Sua ação costuma ser individualista, e ainda que possa ter grande importância social, sua atitude será menos de melhorar as potencialidades que traz dentro.

O Coelho é essencialmente um conservador, posto que vive num universo propício e se sua atividade é, às vezes, renovadora, é mais por despojar o tradicional de suas impurezas do que por revolucionar. Lutero, o criador do Protestantismo, era Coelho. Se são afortunados sem sua ação individual, em troca, suas associações costumam ser catastróficas para sua economia. Tudo o que o Coelho ganha com suas iniciativas, pode perdê-lo se confiar seus interesses a um associado. Não é que isso deva se repetir matematicamente na vida de todos os Coelhos. Pode ser que alguns encontrem um aliado útil. Mas em termos gerais, esses aliados os intimidarão com sua pretensa experiência, e os Coelhos se deixarão levar por eles. Privados dos seus instintos que os conduzem de modo seguro ao triunfo, vão com segurança ao naufrágio.

No matrimônio, os Coelhos não costumam ser muito afortunados, pois se casam com uma pessoa que lhes leva muitos anos, ou melhor, o cônjuge é triste e lastimoso, pessimista e crítico e faz o possível para lhe amargar a vida.

Nas suas manifestações sexuais, os Coelhos mostram-se imprevisíveis e anticonvencionais. A Princesa Elizabeth Bagaya do Touro, ex-ministra de assuntos exteriores de Uganda, acusada de ter feito amor nos lavabos de Orly, pertencia ao signo do Coelho.

A mulher Coelho e também a mulher Búfalo fazem parte das mais buscadas do zodíaco, principalmente pelos homens importantes, por serem elas, como dissemos, excelentes anfitriãs que se darão bem ante seus hóspedes.

Mas, apesar de ser ativamente buscada por homens ricos e importantes, o Coelho não costuma ver seu coração satisfeito. Seus primeiros amores são difíceis, quer se enamore de pessoas com caráter detestável ou que essas pessoas estejam já comprometidas e só possam dar-lhes amores passageiros e promessas vagas. Quando se casam, fazem-no já para dar uma solução à sua vida; o seu é um matrimônio de razão, ou melhor, um deixar levar-se pela fatalidade. Em troca, o Coelho é mais afortunado nas amizades, encontrando no Búfalo um sério protetor, e na Serpente um conselheiro prudente.

A Cabra e o Javali serão os animais que mais o seduzirão. Mas é possível que a Cabra não esteja livre, que lhe minta descaradamente para obter os favores do Coelho, e de um modo ou de outro a Cabra levará o Coelho pela rua da amargura.

Quem mais seguramente acabará apanhando do Coelho é o Galo, quando já for um capão maduro e aposentado. O Galo lhe oferecerá segurança, conforto, apartamento em grande estilo e residências secundárias. Ainda que não lhe inspire amor louco, as compensações são muitas, e isso fará com que o Galo reflita e acabe consentindo.

Suas relações com o Cão serão apaixonadas e de natureza sexual, e o Macaco será para o Coelho uma espécie de consolo, no caso de não haver encontrado nada melhor.

Há dois signos que resultam incompatíveis com o Coelho: o Rato e o Cavalo. No plano dos sentimentos o Rato é seu inimigo tradicional e atua sobre o Coelho como um autêntico vampiro, desviando seus triunfos sociais em proveito próprio. O Cavalo roubaria do Coelho toda intimidade, valor que é precisamente o que mais aprecia. Deve fugir igualmente do Tigre que reduziria consideravelmente toda sua liberdade.

O Dragão pode lhe trazer satisfações de ordem financeira, mas a influência do Coelho sobre o Dragão não é boa, sentindo-se este coibido ante a presença do Coelho.

Os três períodos mais felizes na vida do Coelho situam-se entre os 21 e os 28 anos; entre os 49 e os 50 anos e entre os 77 e os 84 anos. Devem aproveitar ao máximo as oportunidades que surgirem ao alcançar sua maioridade, porque será nesse período que os Coelhos poderão realizar seu programa. Se chegados aos 28 anos, e ainda não tiverem dado uma solução à sua vida, já lhes será mais difícil encontrá-la e talvez devam esperar seu segundo período favorável, em plena maturidade. Os três períodos mais difíceis situam-se entre 1 e 7 anos, entre os 42 e 49 anos e dos 63 aos 70 anos. Os Coelhos são geralmente bebês difíceis, delicados, que desenvolvem todas as enfermidades infantis. Os pais das crianças Coelho devem extremar seus cuidados até os sete anos, a partir dos quais podem considerá-los fora de perigo.

Os Coelhos nascidos sob o signo solar de Câncer, Escorpião e Peixes serão os que mais facilmente se desenvolverão na vida e gozarão de numerosas oportunidades.

Em menor medida, os Coelhos de Virgem, Sagitário, Aquário e Touro também se realizarão e poderão oferecer harmoniosamente ao mundo suas potencialidades. Pelo contrário, os Coelhos de Libra, Capricórnio e Áries deverão enfrentar a adversidade.

Os Coelhos aportam à comunidade humana sua sensibilidade, sua introspecção. As mulheres Coelho são aquelas com quem o guerreiro repousa mais extensa e profundamente e as que bem mais sabem captar suas confidências. Nenhuma espiã realiza seu trabalho com tanta perfeição quanto a mulher Coelho.

O ano de Coelho (nascido em):

- 1903 de 29 de janeiro a 16 de fevereiro de 1904.
- 1915 de14 de fevereiro a 03 e de fevereiro de 1916.
- 1927 de 02 de fevereiro a 23 de janeiro de 1928.
- 1939 de 19 de fevereiro a 08 de fevereiro de 1940.
- 1951 de 06 de fevereiro a 27 de janeiro de 1952.
- 1963 de 25 de janeiro a 13 de fevereiro de 1964.
- 1975 de 11 de fevereiro a 31 de janeiro de 1976.[4]

---

4 *O ano do Coelho retorna a cada 12 anos.*

Todos os mistérios e todas as fantasias serão permitidos no ano do Coelho. A realidade perderá seus contornos e em seu lugar aparecerão o espelhismo, a alucinação. Será um ano de enganos, mas enganos realizados com arte consumada, enganos cinematográficos. E o cinema e suas estrelas voltarão à atualidade, e as modas mais estapafúrdias se implantarão em todo o corpo social. Todo mundo parecerá ter uma sensibilidade extrema: os sofisticados serão os grandes triunfadores no ano do Coelho. A sociedade não levará as coisas a sério, e a todos parecerá um pouco que somos personagens de novela sentindo aspirações vagas, mal definidas; e os políticos praticarão uma política ondulante, sem que saibam exatamente a que possa conduzi-los. Nada estará claro; conversa alguma poderá se concretizar em pontos definidos, e os comunicados oficiais serão interceptados antes mesmo de chegarem à publicação.

Será um ano de confusão, um ano de surrealismo em que todos parecerão participar de um jogo sem seriedade. Será muito difícil a realização de coisas concretas no ano do Coelho, porque as motivações dadas a cada um não corresponderão à sua realidade interior, serão pura ficção, pura fantasia. O mundo estará pleno de irresponsáveis, porém que farão as coisas com beleza, com arte. Tudo terá um raro encanto no ano do Coelho.

Como será o ano do Coelho para os nascidos nos distintos signos

O RATO. Os nascidos sob o signo do Rato serão as principais vítimas do ano do Coelho, pois a sua boa-fé os levará a empreender, a realizar, mas ante eles não encontrarão mais do que fumaça. Tudo se dissipará como as areias do deserto depois de ter sido açoitado pelo tufão. Que o Rato permaneça inativo no ano do Coelho, esse é o melhor conselho que podemos lhe dar; que não busque protagonismos, mas a compreensão do seu ser interior, mergulhando nas raízes de sua alma.

O BÚFALO. O Búfalo conhecerá muita gente no ano do Coelho, gente que virá de horizontes diversos, e sua vida parecerá a sala de espera de um aeroporto ou a sala de estar de uma estação ferroviária internacional; gente que vem, gente que vai e não obstante, nada acontecerá, pelo menos de momento, já que as pessoas encontradas no ano do Coelho poderão ser de grande utilidade, mas somente no futuro. O sentido prático do Búfalo deverá apontar direções a fim de que possa estabelecer com tais pessoas contatos posteriores. O mais, a moda, a fantasia do ano do Coelho seduzirão o Búfalo e lhe permitirão melhorar sua estampa física, se isso for possível.

O TIGRE. Os nascidos sob o signo do Tigre melhorarão sua posição financeira no ano do Coelho. Os esforços realizados no ano anterior darão o seu fruto multiplicado. Que se ocupem ativamente das questões financeiras. Ainda que tudo fique envolto numa cortina de fumaça, o Tigre saberá tirar proveito da confusão e da obscuridade. Que tudo esteja na mira para saltar sobre as oportunidades que se produzirão de repente e que não se apresentarão novamente.

O COELHO. O ano do Coelho há de ser favorável, é lógico, aos nascidos sob o signo do Coelho, ainda que se trate somente de uma sensação de bem-estar, uma situação de viver num mundo propício, em que tudo é possível. Os Coelhos serão os reis da criação no ano do Coelho e poderão realizar essa fantasia que ainda não realizaram e que dormem em qualquer lugar do seu inconsciente. O Coelho deve se expandir mais e atuar, e na cerimônia da confusão do ano do Coelho será elevado ao quinto poder. É possível que seja um rei efêmero tais quais aqueles que antigamente eram, nas festas de Baco, nomeados reis por um dia. Os Coelhos evoluídos poderão realizar suas supremas aspirações e encontrarão reunidos ao seu redor, como por arte de magia, as pessoas que irão levá-los aos mais elevados ápices. Uma conquista espiritual extraordinária poderia ser a suprema recompensa para eles no ano do Coelho.

O DRAGÃO. Perigo imediato para os nascidos sob o signo do Dragão no ano do Coelho. Seu inconsciente estará no poder, e aqueles traços indesejáveis do seu caráter, rechaçados durante anos, poderão com todas suas energias se apresentar de repente, cobrando o que lhe é de direito. A conta pode ter as piores consequências para o Dragão, se seus inimigos se inteirarem daquilo que devem ignorar. Seus inimigos gozarão de poder no ano do Coelho, e o Dragão se verá enredado, comprometido e à mercê de seus inimigos. Se o Dragão estiver guardando algum esqueleto no seu armário, que trate de se explicar publicamente antes que seja descoberto, e que cada um dê seu ponto de vista. Que procure fazer-se humilde o Dragão para que seus inimigos o perdoem no ano do Coelho. Se lhe for possível, que passe despercebido; contudo, encontrará também o Dragão uma corrente providencial que poderá tirá-lo, no último momento, dos mais comprometedores apuros.

A SERPENTE. A Serpente tem poucos amigos, amigos fugazes e sem grande poder, mas no ano do Coelho seus amigos virão em legião. Isso pode ser devido à realização de um projeto muito popular a algo destinado às multidões ou ao público. Pode se tratar de uma doutrina, de uma política ou de um filme. A confusão reinante no ano do Coelho favorecerá seus interesses, mas talvez sua honestidade não lhe permita aproveitar-se de uma situação que considera mal definida e pouco sólida. Se superar seus escrúpulos, o ano do Coelho poderá ser um grande ano para a Serpente, em que a força das coisas a empurrará para uma liderança. Que pense em algo relacionado com a multidão. A Serpente pode fazer muito mais interessante o mundo em que vivemos, e o ano do Coelho há de ser propício para essa particularidade do seu talento.

O CAVALO. Aproveitando a confusão do ano do Coelho, o Cavalo se lançará à política, à sua política, que por sua vez é muito confusa e muito bela. A ideia política do Cavalo é a do "Viva como quiser" aquele maravilhoso filme dirigido por Frank Capra. E esse viver como queira será uma aspiração profunda das multidões no ano do Coelho. A vida profissional do Cavalo será também confusa, meio ofuscada, e com toda segurança perseguirá um espelhismo, mas o Cavalo se divertirá, pois estará fazendo, de acordo com sua crença, algo útil e não é impossível que o faça num ambiente insólito e, por assim dizer, único.

A CABRA. A Cabra se verá muito solicitada no ano do Coelho: muitas pessoas procurarão aliá-la a suas empresas, tanto na cidade em que vive quanto em outras cidades e inclusive no exterior. Há de ser um ano de logros para a Cabra, ainda que esses logros se limitem a recompensá-la bem, com gastos pagos em Acapulco, por exemplo, ou em altos lugares de turismo internacional. As Cabras que se dedicarão a empresas relacionadas com a arte, com o teatro ou o cinema, com a moda, com a beleza, e elas serão as mais solicitadas e viajarão de cá para lá, sem problemas de dinheiro. Sua vida será uma festa confusa, cheia de happenings. Sim, ano permanente de happenings, esse ano é do Coelho.

O MACACO. O Macaco há de realizar negócios fabulosos no ano do Coelho, ainda que se trate de negócios que mais tarde terminem em quebra ou em suspensão de pagamentos, mas de momento irão lhe dar grandes satisfações não somente econômicas, mas morais, porque poderão criar, poderão plasmar neles sua alma. Mas, nesse ambiente de confusão do ano do Coelho é difícil realizar coisas concretas. Por isso, é possível que o Macaco se deva conformar em criar espelhismos belos, que divertirão as pessoas que compõem sua sociedade. Mais tarde, se as coisas se confundirem, o Macaco já saberá descobrir novos horizontes de interesse e sairá desse ano do Coelho mais rico economicamente e mais experiente.

O GALO. O Galo não poderá contar com os demais no ano do Coelho, esse será seu principal problema, sua principal dificuldade. O Galo precisa de outras pessoas que o estimulem. Seus horizontes pessoais são cerrados e seus aliados irão colocar em sua mente a preciosa quimera, mas esse ano se tratará de uma quimera maiúscula e positivamente de uma quimera verdadeiramente mitológica e perfilada com tão belos contornos, que o Galo se verá inevitavelmente seduzido. Ano de sonhos para o Galo, de sonhos eternos, imortais, irrealizáveis. Andará pelas nuvens, e ainda que no final tudo se reduza a uma viagem, a um passeio, e por essas esferas úmidas e distantes o Galo se esquecerá enquanto viva sua sorte desse ano.

O CÃO. No ano do Coelho, o cão verá estimulado tudo o que há de inferior em sua personalidade; se verá atraído por pessoas moralmente inferiores e por empresas também inferiores; atuará abaixo de suas possibilidades, tanto no plano moral, quanto no social e físico, e é possível que mais tarde se envergonhe do que tenha feito no ano do Coelho.

O JAVALI. Os nascidos sob o signo do javali viverão em euforia sentimental no ano do Coelho. O Javali é um animal a que seduz facilmente todas as pessoas do sexo oposto, seja qual for sua idade e sua situação na vida. É um bissexual por excelência, e na confusão do ano do Coelho encontrará infinitas ocasiões para o exercício da sentimentalidade, terá múltiplas aventuras amorosas, mas se interessará, sobretudo pela vertente romântica das pessoas de sexo oposto que encontre. Será também um bom ano para a realização de suas obscuras aspirações. O Javali não sabe muito bem o que quer, sobretudo o javali inferior, o que atua movido por motivos sentimentais e não intelectuais. Nada ficará muito organizado para ele nesse ano do Coelho, mas o Javali será feliz.

O Dragão

Se pudessem atribuir títulos nobiliários aos animais do Zodíaco Chinês, com toda a segurança o Dragão levaria os de Príncipe, Rei, Imperador. Tudo nele é nobreza, pompa, exuberância.

Claro que a humanidade não pode se permitir ao luxo de arrojar a cada doze anos uma geração de autênticos nobres, de modo que essa nobreza de alma constitua o ideal do signo, o ideal a que aspiram os nascidos sob o império do Dragão. Se não podem ser autênticos nobres de linhagem espiritual são, sim, imitadores dessa nobreza, gente com atitudes arrogantes, que contemplam os demais por cima do ombro, com sentimentos ou com complexo de superioridade.

Esse sentimento de superioridade leva-o de modo natural a se ocupar de assuntos públicos, já que raciocina o Dragão: se é superior, por que não fazer que os demais se beneficiem dessa pechincha?

O Dragão é a personagem que mais diretamente vai à vida política e que mais facilmente triunfa nela. Seu pensamento é ação e se expressa com tal calor, com tal veemência que contagia os demais com seu entusiasmo. Não é pessoa de grandes ideais, mas quando encontra uma ideologia que vai com sua personalidade, empresta-lhe o fogo do seu pensamento e pode jogar o rol de autêntico iluminado. Joana D' Arc, que era Dragão, ilustra esse aspecto particular do caráter e do destino dos nascidos sob a influência desse signo.

Quando pronunciam um discurso ou quando escrevem um livro, ambas as coisas fáceis para um Dragão, que expressa e escreve com graça e elegância, fazem-no tal qual se estivessem em estado de transe. Seriam eles os que falam? Seriam eles os que escrevem? Mais parecem instrumentos utilizados por seres espirituais para dar ao mundo uma mensagem.

Isso faz que os dragões sejam muito distintos em suas atuações, como se mostram nos momentos ideais de escrever ou de falar. Em sua atuação política, o Dragão sofrerá dessa dualidade: divino ao criar, será humano e, às vezes, demasiado humano no atuar.

Se a sua carreira política não estiver envolvida por um escândalo, o Dragão será uma personagem que não cessará de subir e sua influência poderá marcar uma época. Aspira à celebridade e a obtém, aproveitando todas as ocasiões e, ainda, criando-as para que o mundo saiba que existe. Salvador Dalí é um Dragão.

Profissional ou não o Dragão é um ator consumado, um ator nato, sobretudo, o Dragão não evoluído, que se vê de certo modo obrigado a interpretar permanentemente o rol do nobre e do grande senhor. Mas, qualquer que seja seu nível de evolução, o Dragão é sempre magnífico, tem um grande coração, não costuma operar a traição e dará tudo o que tiver, tanto no intelectual, no físico quanto no material. É raro um Dragão ser egoísta, salvo se em seu tema solar certos planetas prejudicarem seu signo.

Haja o que houver, o Dragão é um triunfador inato. Na sua profissão será o primeiro. Estrela se for ator, presidente, se "fizer" política, diretor geral se seguir carreira no comércio, advogado ou médico, ou arquiteto ou economista famoso. Traz a fama nos pés, e quando um Dragão não pode ser o primeiro por razões de destino, então se converte num perturbador, num intrigante e ainda num personagem perigoso, já que para ele não existe meio-termo: ou é todo luz ou é todo sombra. Um Dragão na oposição representa grande perigo para qualquer sociedade, para qualquer governo.

O Dragão, por ser um personagem lançado ao exterior, à conquista, o que não consegue dominar é seu interior, sua vida de família, seu lar. É esse o calcanhar de Aquiles dos Dragões, sua parte vulnerável, o segredo que teme que seus inimigos descubram.

O Dragão masculino casa-se frequentemente com uma mulher não à altura das suas ambições, que não participa delas, antes ri da soberba grandeza de seu cônjuge-Dragão, o qual gostaria de receber os seus convidados numa mansão, por exemplo, onde tudo estivesse em ordem; dar suculentos banquetes, servidos extraordinariamente; mas não pode contar com a colaboração de sua companheira e, por isso se encontra com uma casa desordenada, suja, pouco propícia às recepções.

O Dragão feminino foge das fainas caseiras como o diabo foge da cruz, e o lar constitui para ela uma autêntica preocupação, uma obsessão e acaba passando fora dele a maior parte do tempo. Como o Dragão masculino terá grandes ambições, mas ser-lhe-á difícil realizá-las na sociedade atual, e por não se sentir identificada com seu lar e sua família, corre o perigo de se converter em um ser desarraigado. O signo do Dragão é mais favorável aos homens do que às mulheres.

Ainda que não saiba todas essas coisas de modo preciso, o Dragão as intui e essa é a razão fundamental que o leva a ser um solteirão empedernido e que, se decidir pelo matrimônio, celebra-o tardiamente, e que não chegue a ter filhos. Mas, há outra razão que o impele à vida solteira: sua autossuficiência e sua autossatisfação. O Dragão está contente de si mesmo, ama apaixonadamente sua profissão, seu êxito, suas ambições e diz não necessitar verdadeiramente de quem o estimule ou o aplauda, porque ele já se aplaude e encontra todo tipo de estímulo em seus triunfos. Isso não significa que ele não seja um amante apaixonado, pois também no amor faz muito teatro, e seus arranques são mais fingidos do que reais. É cerebral no amor, agrada-lhe poetizar, enaltecer e é o que dedica as mais inspiradas frases à mulher. É muito possível que seja Dragão o inventor do galanteio. Mas o Dragão não se enrosca, não guarda afeto e logo confere ao romance mais uma bela recordação. Entretanto, o Dragão necessita, sim, de muitos afetos sólidos, imortais. Deixa uma faísca profunda nos corações, e cada ruptura significa para o parceiro um drama.

O Macaco e o Rato são os animais que mais seduzem o Dragão. O primeiro satisfaz plenamente seus instintos amorosos, enquanto que o segundo estimula sua mente, encontrando nele argumentos para esgrimir ou razões para criar. Mas depois que o utilizou, o Dragão deixa que cada um siga o seu caminho.

O Cão é o único animal que obriga o Dragão a fraquejar e a se render. Cada qual é o reverso da medalha do outro, e certamente a nenhum dos dois se lhes ocorreria fazer caminho juntos se um destino malévolo não os juntasse. O Cão é aquele que o Dragão não quer ser a preço algum, é aquilo que mais teme: a desordem, a anarquia. E talvez o tema porque no fundo do seu inconsciente há precisamente muito caos e muita desordem. A união do Dragão masculino e do Cão feminino pode ser positiva porque o Cão na sua versão feminina costuma dar amor do lar, domínio que, como já dissemos, constitui o ponto frágil dos Dragões. Com o Cão pode ter um lar acolhedor e confortável. Mas o Cão masculino e o Dragão feminino darão lugar a uma combinação explosiva e a um matrimônio à moda Virgínia Wolf.

O Javali é uma tentação permanente para o Dragão. É talvez, o animal que pode fazê-lo naufragar em seus empenhos porque o seduz pela vertente sexual. No Javali não encontra o romantismo do

Macaco, nem os estímulos intelectuais do Rato, mas a sexualidade em estado puro, e o Javali pode dar lugar a esse escândalo que fará perder sua reputação e o fará perder, sobretudo, a autoestima que o Dragão tem.

No Galo encontrará o Dragão seu mais fiel servidor e admirador que executará suas ordens com fé cega, toda a vida. No Tigre encontrará o amigo que lhe abrirá portas, lhe apresentará projetos, fará que sua imaginação cavalgue sem cessar para coisas novas. E no Cavalo encontrará o acompanhante, o guarda-civil, o gorila que o protegerá da multidão e lhe filtrará as chamadas e as visitas, se ocupar uma posição importante ou for famoso.

O Búfalo e a Cabra são os dois animais incompatíveis com o Dragão e este deve fugir de toda aliança com eles. O Búfalo o eclipsará com sua beleza, e a Cabra o ganhará por astúcia e o induzirá ao erro. Quando crer tê-lo vencido e convencido, se dará conta de que tudo está ainda por fazer.

Os períodos mais favoráveis na vida do Dragão situam-se entre 1 e 7 anos; entre os 28 e os 30; os 35 entre os 56 e os 63.

Os períodos mais críticos são: dos 07 aos 14 anos; dos 49 aos 56; dos 70 aos 77 anos.

Os Dragões de Leão, Sagitário e Áries serão os que mais facilmente subirão na vida, realizando ao máximo suas aspirações. Os de Gêmeos, Libra, Capricórnio e Peixes também realizarão sem dificuldade a maior parte do seu programa humano. Em troca, os Dragões de Escorpião, Aquário e Touro serão os que mais facilmente se encontrarão no escândalo e na tentação e os que mais devem pensar nas consequências que devem ter seus atos.

Os Dragões são autênticos pilares da sociedade. São colunas sólidas sobre as quais se assenta o andaime humano.

O ano do Dragão (nascido em):

- 1904 de 16 de fevereiro a 4 de fevereiro de 1905.
- 1916 de 3 de fevereiro a 23 de janeiro de 1917.
- 1928 de 23 de janeiro a 10 de fevereiro de 1929.
- 1940 de 8 de fevereiro a 27 de janeiro de 1941.
- 1952 de 27 de janeiro a 14 de fevereiro de 1953.
- 1964 de 13 de fevereiro a 2 de fevereiro de 1965.[5]

O mundo será uma festa no ano do Dragão. Grandes filmes serão lançados, se classificarão prodigiosos espetáculos teatrais. Reis e príncipes do mundo inteiro celebrarão milênios, centenários, aniversários; bodas e batizados de pessoas célebres preencherão as páginas dos periódicos; surgirão novas modas, novos bailes, se inventarão novos modos de se divertir. Todo o ano do Dragão será igual a um perpétuo mês de férias em que as pessoas não pensarão em outra coisa a não ser tomar sol, praticar o turismo, o ócio e os hobbies. Pouco se trabalhará no ano do Dragão, e surgirá seguramente algum filósofo ou sociólogo para nos explicar que o mundo precisa de tempo para as diversões, tempo para gastar o dinheiro em prazeres e poder dar lugar a um aumento da produtividade.

O mundo se sentirá monárquico no ano do Dragão, e é possível que algum soberano exilado encontre de novo seu trono. É possível também que numa sociedade alegre e confiante se instale uma ditadura de tipo militar.

O ano do Dragão também será bom para os desfiles, as bandeiras. O conservadorismo marcará grandes passos e as bolsas do mundo inteiro se orientarão para a alta. Os problemas ficarão em suspenso e se em algum país se instalar um conflito, rapidamente surgirá um príncipe ou um playboy que com suas aventuras

---

5 *O ano do Dragão retorna a cada 12 anos.*

galantes atrairá a atenção da sociedade. Nenhum problema progredirá no ano do Dragão, ficarão todos suspensos para o ano seguinte. Haverá uma espécie de música ensurdecedora, e Wagner assumirá tudo e que não deixará que nenhum grito de dor se ouça no ano do Dragão.

O orgulho e a soberba serão poderosos nesse ano, e ninguém irá ceder ou mesmo carregar sua parte de culpa, todos se justificarão a seus olhos. A busca do prazer será mais forte do que tudo no ano do Dragão.

Como será o ano do Dragão para os nascidos nos diferentes signos

O RATO. O Rato pensará no amor, no ano do Dragão. Toda sua estratégia consistirá em estar ao lado das pessoas queridas e em passá-lo bem. Pode ser que o Rato realize grandes coisas nesse ano, porque encontrará um contexto propício à expansão da sua personalidade, mas não o fará pensando em causar boa impressão à eleita ou ao eleito do seu coração. Será também um ano de criações. Os Ratos literários conceberão uma obra que pode sobreviver-lhes.

O BÚFALO. No ano do Dragão o Búfalo dará grandes festas familiares; é possível que seus filhos se casem, que se case ele mesmo, ou que seja algum membro da sua família os que vão para o altar. De todos os modos, ainda que não haja efemérides importantes, o Búfalo o celebrará. Ele saberá buscar pretextos para se reunir com os amigos em seu próprio lar e festejá-lo com grandes pompas sem se preocupar com os gastos, porque o Búfalo sabe que sempre encontra a pessoa disposta a pagar.

Será um ano de acontecimentos familiares para o Búfalo, um ano em que deve utilizar seu lar para celebrar reuniões de negócios, porque tudo o que se decida em sua casa surtirá mais efeitos do que se decidisse em qualquer outro lugar. É um bom ano para visitar sua cidade natal, para visitar os pais, os avós, para se interessar por seus ascendentes ou sua árvore genealógica. Bom ano para modernizar seu lar e trazer-lhe mais conforto.

O TIGRE. O Tigre conhecerá personalidades muito importantes no ano do Dragão, personalidades influentes que o conduzirão facilmente em qualquer lugar, porque o Tigre possui numerosos talentos e se adapta a qualquer ambiente. Buscar esses padrinhos será a principal missão do Tigre no ano do Dragão.

O COELHO. O Coelho se enriquecerá no ano do Dragão. É um ano de ouro maciço para ele, e tudo que tocar se converterá em ouro. O Coelho poderá realizar suas ambições e ultrapassar seus apetites, sem dúvida será feliz, muito feliz, podendo assim fazer, mas o Coelho se embrutecerá no ano do Dragão, porque o Coelho possui hábitos perniciosos que devem ser erradicados de sua vida. E no ano do Dragão esses hábitos se consolidarão. O Coelho ganhará muito dinheiro, e seu problema consistirá em como gastá-lo.

O DRAGÃO. É evidente que o Dragão se encontrará em seu ambiente no ano do Dragão. Brilhará com luz própria e ao redor dele se encontrará um círculo de amigos e de aduladores que o levarão praticamente nos ombros. Será o ano da sua consagração, o ano em que tomará as medidas do mundo e lhe ditará suas condições. Tudo quanto inicie, triunfará rapidamente.

A SERPENTE. A modéstia da Serpente se desmoronará no ano do Dragão. Seu inconsciente gritará mais forte do que sua consciência, e uma voz interior a propulsionará para os altos cimos, mas a Serpente não foi feita para essas alturas, mas para vales sombrios.

A Serpente viverá um sonho pernicioso no ano do Dragão, um sonho que a fará sair do seu universo natural para irromper numa órbita que não é a sua. Que resista às tentações que se lhe apresentarão nesse ano, que não abrigue sonhos de redentor. Que siga trabalhando como sempre, sem ouvir o canto das sereias; de outra forma, como sucedera a Ulisses, não chegará nunca à sua meta final ou chegará a preço de enormes dificuldades.

O CAVALO. O ano do Dragão há de ser um ano de grandes realizações para o Cavalo. Terá amigos muito poderosos que o ajudarão a realizar projetos faraônicos. Por sua amplitude, por suas dimensões e por sua grandiosidade, será para o Cavalo um ano de grandes satisfações e o começo, talvez, de uma amizade, mais forte do que o amor que durará durante toda sua vida. Os amigos contarão muito, muito mais do que tudo, muito mais do que as pessoas queridas, e é possível que se encontre em conflito com uma pessoa que crê ter a exclusividade do seu amor. O Cavalo não dá exclusivas jamais e esse ano essa pessoa perceberá que a fidelidade do Cavalo é outro sonho. Graças a seus amigos o será total; sem eles, não será nada, durante o ano do Dragão. Que trate, pois, de trabalhar em equipe, cedendo a iniciativa a seus companheiros, ainda que sofra seu orgulho, porque intimamente o Cavalo não admite mais superioridade do que a sua própria.

A CABRA. A Cabra se verá arremessada aos postos de mando no ano do Dragão. Será nomeada Diretora ou Diretor de algo, ainda que não tenha muita predisposição para realizar esse algo. Seu destino a levará à experiência do poder e da direção das empresas, sirva ou não sirva para isso; já outros anos virão e se encarregarão de fazer justiça à Cabra, mas caso não tenha se preparado suficientemente no ano do Dragão, se verá apartada brutalmente do poder. Ano de grandes triunfos, pois, mas não de triunfos merecidos que respondam à capacidade real da Cabra, que deverá trabalhar para merecer o regalo suntuoso que agora lhe faz a vida.

O MACACO. Ano de grandes honras para o Macaco, o ano do Dragão. Viajará muito por países estrangeiros, e em todas as partes receberá cordial acolhida. Seu labor intelectual será muito prestigioso e o nomearão diretor *honoris causa* de alguma coisa. As relações com empresas situadas no exterior ou empresas multinacionais lhe darão grandes satisfações e deve buscar a todo preço o contato com elas. Ainda que sua situação atual seja boa, no ano do Dragão pode melhorá-la entrando em contato com empresas relacionadas com o exterior. Bom ano para os estudos, para as oposições e para a escrita. Se o Macaco tem talento literário, esse ano será plenamente reconhecido.

O GALO. Ano de boas negociações para o Galo. Suas empresas, se as tiver, lhe trarão bons rendimentos, se não as tem, o Galo deve associar-se com o primeiro que a vida lhe ponha pela frente, com a segurança de que será pessoa muito afortunada e lhe transmitirá parte de sua fortuna por pura convivência. O Galo se interessará também pela metafísica, pelo ocultismo, quererá saber o que há por trás do véu da vida, e no ano do Dragão realizará grandes conquistas espirituais.

O CÃO. O Cão se verá excluído dos festejos do ano. A ele lhe tocarão só os ossos dessas grandes celebrações que terão lugar no ano do Dragão, a menos que o Cão faça de modo que o convidem em nome de um amigo. Tudo o que faz o Cão nesse ano deverá ser em nome de outro, utilizando a força de penetração dos seus interlocutores, dos seus aliados, do seu cônjuge para ficar em ação e gozar das oportunidades que esse ano levará a todos. Se o Cão permanece distante, fazendo-se de ofendido, à espera de que venham a ele, esperará em vão, porque ninguém virá. Que saiba pois se comportar em perfeita equipe e fazer o jogo de conjunto, afogando antes de nascer qualquer individualismo. Que se socialize, que se popularize o Cão e poderá gozar das enormes vantagens do ano do Dragão.

O JAVALI. No ano do Dragão alguém deverá estar na cozinha para preparar os festejos e é muito possível que esse alguém seja o Javali. Ao Javali lhe tocará trabalhar e trabalhar muito, mas num ambiente de euforia, com camaradas muito calorosos e cordiais e com bons patrões. O Javali poderá prestar favores, e grandes favores, inclusive, poderão favorecer os grandes desse mundo, os quais poderão cobri-lo de recompensas, mas será entrando pelas portas mais humildes que o Javali conseguirá todas essas coisas. O Javali vaidoso, o Javali crente, o Javali que vê os demais acreditando-se um homem superior, esse permanecerá isolado no ano do Dragão e será um exilado em sua própria cidade, em seu próprio país. Bem-aventurados os Javalis humildes, poderíamos dizer, porque esses serão os grandes vencedores no ano do Dragão.

A Serpente

A Serpente é um animal que tem má fama no Ocidente, por causa do papel que desempenhou na Bíblia, de tentadora de Eva. Mas, no *Novo Testamento*, já Jesus dizia a seus discípulos: "Sejam sábios como Serpentes", dando a esse animal uma estranha reputação de sabedoria. Nas ciências herméticas, a Serpente é o símbolo do saber esotérico e é nesse sentido que a tradição chinesa dá o nome de Serpente a um dos animais do seu Zodíaco.

A Serpente é prudente, é observadora, agrada-lhe analisar as coisas apartada do ruído mundano. Possui grande capacidade de análise e sua inteligência é tão vasta como a do Tigre, mas enquanto ele se interessa exclusivamente pelo que se encontra na superfície da Terra, pelos fenômenos, a Serpente projeta sua inteligência à análise das causas.

Onde melhor se encontra a Serpente é num laboratório estudando o microcosmo e tratando de descobrir as leis da Natureza. A honra e as vaidades não vão com sua personalidade. Não lhe agrada figurar, e é talvez o menos bem-vestido e o pior enfeitado de todos os signos do Zodíaco Chinês.

As mulheres Serpente têm fama de ser muito belas, e no Oriente, uma das adulações que se costuma dirigir à mulher é chamá-la de Serpente, mas não é menos certo que tais mulheres não tiram partido de sua capital-beleza e que costumam fugir aos devaneios amorosos. Entre um jovem de sua idade e uma pessoa de outra geração, prefere o segundo, e esse traço de seu caráter parece confirmar-se no caso de Jackie Onassis e Farah Diba, dois representantes desse signo casados com cônjuges de idade muito superior à sua.

A Serpente é dada à filosofia, à introspecção, e muito frequentemente utiliza seu próprio corpo por laboratório vivo para suas experiências. Analisa-se, observa-se e é frequente que se converta num maníaco de dietas.

Os Serpentes costumam encontrar muitas dificuldades em sua vida comum. Encontram-se situados num contexto humano que não lhes propicia a expansão das suas faculdades. É possível que não possam realizar os estudos dos quais lhes faz credores sua capacidade, e é por isso que nesse signo se encontram muitos autodidatas. Com estudo ou sem ele, os Serpentes brilham pela sua inteligência e por sua profundidade, mas não é gente de alegria natural e expansiva.

Introvertidos, tímidos, não se encontram em seu ambiente na vida social e se, compensando sua introversão, um dia se decidem a dar um golpe de audácia, destoam e caem no ridículo.

As profissões mais de acordo com o signo são as de análises biológicas, médicos ou economistas, contadores, enfermeiros, agricultores, arquivistas, programadores. O que menos lhes agrada são as relações humanas, já que à sua timidez natural se une uma dificuldade de se expressar, seja por um defeito de elocução ou que se empenhe em desenvolver até o extremo o tema que domina. Em seus escritos se expressa muito melhor porque pode concentrar seu pensamento e eliminar o supérfluo, mas costuma ser agressivo em seus escritos e isso pode atrair sérios problemas.

Quase sempre o Serpente encontra-se numa situação inferior à que deveria ter por seus merecimentos, e ainda o Serpente nunca protesta, e ao excetuarem seus resmungos tem o sentimento de ser vítima de uma injustiça. Vê como os outros, inferiores em méritos, progridem rapidamente. Sua própria família se lhe faz ver: "Veja fulano, tão bobo e já tem carro. E você, tão sábio," costuma dizer-lhe sua mulher, e isso lhe amarga a vida.

Se for uma Serpente inferior acabará sendo um ressentido social, e como ganhará seu dinheiro por conta-gotas se tornará egoísta, tanto mais quanto não poderá contar enormemente com seu cônjuge para que o ajude a trazer dinheiro para casa, e frequentemente a família dependerá do seu próprio esforço.

Mas, a Serpente é tenaz no seu trabalho e acabará, com o passar dos anos, ocupando um posto independente. A Serpente evoluída é um dos seres mais autofelizes do Zodíaco Chinês já que é o que menos necessidades têm no que se refere ao material, e é o indivíduo que realiza descobrimentos intelectuais ou espirituais que o enchem de euforia. Enquanto o Dragão contenta-se com sua personalidade, com sua imagem, a Serpente é feliz com os conhecimentos que vai desentranhando do receptáculo cósmico.

Evoluínda ou não, a Serpente é um indivíduo solitário. Não é que lhe faltem amigos, mas são todos de natureza volúvel e fugaz. Terá amigos de temporada, amigos que só durarão alguns dias. Nos períodos positivos, pode encontrar nas pessoas grande cordialidade, com as quais estabelecerá uma amizade fácil, mas em poucos dias essa amizade se esfriará, se não for alimentada de modo conveniente. Dizer que a culpa é da Serpente não esclareceria as coisas, já que também é certo que se inibe por timidez, e ainda mais porque o contexto de sua vida e de seu destino vai se estruturando dessa forma.

Na vida amorosa da Serpente dão-se estranhos paradoxos. Por um lado a Serpente é um animal de sexualidade precoce. Tão precoce, que é muito provável que aos sete anos já não lhe reste nada para aprender sobre o essencial das relações sexuais. Freud falava da sexualidade infantil e é provável que, sem sabê-lo, já se referisse às crianças-Serpentes.

É por causa dessas experiências prematuras que os Serpentes têm amores tardios? Poderia ser, mas é, sobretudo, sua timidez a responsável por não encontrar em sua primeira juventude o parceiro ideal. E mais do que sua timidez, é uma falta de adaptação aos prazeres próprios da juventude. O baile não a diverte; se ama a música, é a clássica, não a pop; não encontra prazer nas excursões, mas em troca se compraz lendo, estudando, meditando na solidão. Por seu modo de ser, torna-se difícil a ela encontrar um parceiro do sexo oposto e encontra-se mais compreendido por pessoas que o ultrapassam em idade, porém essas pessoas, em geral, pela força das coisas, já estão comprometidas.

Tarde na vida, quando já não o espera, o amor visita a Serpente. Sendo de natureza fecunda, logo recupera o tempo perdido e converte-se no pilar de uma família numerosa. Sua sexualidade segue viva e num estágio um tanto infantil, indiferenciada, no sentido de que a Serpente é capaz de ter intercâmbios sexuais com qualquer exemplar do sexo oposto, seja qual for a sua idade. Se há indícios de perversão no horóscopo solar da Serpente, este pode estar relacionado a assuntos de "ballets rosa", corrupção de menores, exibicionismo, exploração de mulheres etc.

Os animais com que a Serpente mais se harmonizará serão o Búfalo e o Galo. O Búfalo feminino abrirá muitas portas ao Serpente masculino. O encanto do Búfalo, seu domínio das relações humanas, seu magnetismo, facilitará enormemente a vida à Serpente, mas ela terá sensação de ir a reboque e talvez acabe por se manifestarem ciúmes, portadores de drama. E a Serpente que gosta, de certo modo, de se mortificar, se diz enganada e vilipendiada. O Galo, com seu ar pousado e sério, dará à Serpente esse sentimento de profundidade que tanto busca. Mas o Galo é dos que mais tarda em triunfar. Vai ascendendo muito lentamente e com ele a Serpente permanecerá longos anos privada, senão do necessário, mas sim desses bens convencionais que tanto aprecia a sociedade de consumo.

A Cabra, o Cão, o Coelho e o Rato guardam também pontos de afinidade com a Serpente, mas seu particularismo é tão marcado, que dificilmente se entenderá com qualquer outro animal sem estar disposta a fazer importantes concessões. Afortunadamente, a Serpente é uma especialista nas concessões. Convencida de que veio a este mundo para sofrer, lhe parece normal que os demais padeçam antes dela.

O Javali é, finalmente, o animal a quem projeta o seu destino. No misticismo do Javali encontra a Serpente a explicação transcendental para todas as suas inquietudes.

Dos signos deve evitar, sobretudo: o Tigre e o Macaco. Ainda que se pareça com o Tigre por sua inteligência, este sempre permanece na superfície das coisas, no exterior, no intranscendente, e com ele a Serpente se banaliza. O Macaco, pelo contrário, busca a síntese em todas as coisas, quando que para a Serpente agrada-lhe pelo contrário, proceder à sua minuciosa análise.

Os três períodos favoráveis à vida da Serpente situam-se: entre os 7 e os 14 anos; entre os 35 e os 42 anos e entre os 63 e os 70 anos. Os três períodos críticos são: entre os 14 e os 21 anos; entre os 56 e os 63 anos e entre os 77 e os 84 anos.

As Serpentes de Touro, Virgem e Capricórnio serão as mais fiéis entre as características que acabamos de descrever. Em entretanto, os Serpentes de Gêmeos, Sagitário e Peixes terão um mínimo das características do animal e se sentirão desconcentrados, fora da sua órbita.

Os Serpentes são para os demais animais do Zodíaco Chinês como o pão, o mais modesto dos alimentos, mas o mais essencial.

Não são notados enquanto vivem; só se lhes nota quando desapareceram, quando já não estão aí para exercer sua função. Então, nos damos conta do quanto fundamental e insubstituível era sua presença.

O ano da Serpente (nascido em):

- 1905 de 4 de fevereiro a 25 de fevereiro de 1906.
- 1917 de 23 de janeiro a 17 de fevereiro de 1918.
- 1929 de 10 de fevereiro a 30 de janeiro de 1930.
- 1941 de 27 de janeiro 15 de fevereiro de 1942.
- 1953 de 14 de fevereiro a 3 de fevereiro de 1954.
- 1965 de 21 de fevereiro a 21 de janeiro de 1966.[6]

O ano da Serpente é um ano de contadores e calculadores, um ano em que a sociedade tira suas contas e faz inventário das suas possibilidades. É difícil que passe o ano sem que aja alguma restrição, algum racionamento. Será um ano de penúria, de descanso da produção, mas em troca pode ser um grande ano agrícola. Para os países subdesenvolvidos este será um ano em que morrerão muitas pessoas de fome e de miséria. O ano do Dragão foi um ano de jogos insensatos e no ano da Serpente há que pagar a fatura. Os políticos serão impopulares no ano da Serpente, porque deverão tomar medidas restritivas que os cidadãos considerarão contrárias a seus interesses. Um ano em que se tomarão também medidas sanitárias importantes e a ciência médica poderá realizar algum descobrimento. Se falará muito de código alimentar no ano da Serpente, e todo o mundo aprenderá a se nutrir melhor. Os vegetarianos se encontrarão no seu ambiente e farão muitos adeptos. Será, no geral, um ano de coisas miúdas tanto na vida

---

6 *O ano da Serpente retorna a cada 12 anos.*

social quanto na vida particular. O homem médio será exigente, se mostrará descontente; sua natureza inferior falará mais forte do que a superior e será propenso a toda classe de perversões. Será um ano em que a gente pequena triunfará e se imporá aos grandes. Um ano de funcionalismo de protocolos, de travas, não se irá ao essencial, mas ao detalhe. O inferior triunfará sobre o superior.

Como será o ano da Serpente para os nascidos nos distintos signos

O RATO. As minúcias não vão com o Rato e no ano da Serpente não encontrarão nada onde empregar suas energias criadoras. Em vão buscará grandes causas para organizar, para lhe dar o primeiro impulso; essas grandes causas não existirão. A ação do Rato se verá travada por gente sem envergadura e se sentirá como prisioneira no meio ambiente, nem sequer hostil, apenas indiferente ao Rato.

O BÚFALO. O Búfalo aprenderá muito no ano da Serpente. No fundo, os detalhes agradam ao Búfalo e ele encontrará um namorado que lhe explicará o funcionamento das coisas, de modo que o intelecto do Búfalo se enriquecerá através do amor. Mas, o Búfalo sempre tem problemas com o amor por causa da sua pluralidade. Este ano da Serpente não será uma exceção. Encontrará mais de um que queira explicar-lhe como funciona o Universo, como são as coisas vistas do íntimo. Faltar-lhe-á poesia neste ano para que o Búfalo possa sentir-se verdadeiramente satisfeito.

O TIGRE. No ano da Serpente, o Tigre deverá se limitar a cuidar de sua vida interior. O ambiente não será propício à descoberta de aventuras, de escândalo, de confusão onde o Tigre encontra matéria a explorar. No domínio público reinará grande moralidade, todo o mundo será austero e o Tigre não terá nada a contar a seus netos que tenha ocorrido no ano da Serpente. Pode utilizar esse ano para melhorar as condições do seu lar, torná-lo mais confortável e mais caloroso para os que vivam nele.

O COELHO. Irá encontrá-lo muito prosaico neste ano. Precisa de sonhos como o ar que respira, e no ano da Serpente poucos sonhos, poucas ilusões na vida do Coelho. Conhecerá nesse ano pessoas muito úteis que poderá utilizar mais tarde para obter uma posição na vida. Para o Coelho, é um ano de início de coisas que lhe darão rendimento no futuro, provavelmente também um ano de mudanças no meio ambiente em que desenvolverá sua vida comum. Troca de vizinhança e mudança na relação com seus irmãos e familiares afastados.

O DRAGÃO. O Dragão se verá obrigado a restringir seus gastos no ano da Serpente. Sua economia se verá em destaque e se tem algum cargo público, é possível que algum funcionário se encarregue de verificar sua contabilidade. Se suas contas não estão claras, melhor que as ponha em ordem no ano da Serpente. Para o Dragão, racionalizar seus gastos será a principal missão a cumprir nesse ano.

A SERPENTE. Todo talento crítico da Serpente se verá posto em relevo e se verá utilizado no ano da Serpente. Será quem contabilizará, quem contará, quem ordenará. O mundo será a sua imagem e semelhança neste ano, um pouco triste, um pouco aborrecido, muito exigente. Suas qualidades se enquadrarão perfeitamente com o que se deseja. Uma coisa se poderia recomendar à Serpente para o ano da Serpente: não ter zelo excessivo no cumprimento do seu dever, um dever que por sua natureza será antipático e poderia granjear-lhe a antipatia dos seus concidadãos que procurariam vingar-se dele na menor ocasião. Que cumpra discretamente seu prometido, sem exibicionismos inúteis e prejudiciais.

O CAVALO. O Cavalo é pessoa de grandes desígnios, de grandes ideais, e o ano da Serpente não se encaixa ao seu modo de ser. Como o Cavalo é ativo e deixa fagulha, este será o momento em que escolherá seus inimigos para atacá-lo e para torná-lo prisioneiro. Pode ser que o Cavalo conheça a prisão fixa no ano da Serpente, mas se tratará, sobretudo, de uma prisão moral. Se verá enredado nas circunstâncias, na pequenez das coisas e não poderá realizar essas grandes coisas úteis com as quais sonha. Que o Cavalo aplaque seus sonhos no ano da Serpente, à espera do ano seguinte, à espera do próximo ano que há de ser seu ano triunfal.

A CABRA. Agrada à Cabra o difícil, e no ano da Serpente encontrará essas dificuldades que tanto harmonizam com seu caráter e com seu modo de ser. Ela mesmo será uma criadora dessas dificuldades, sua voz crítica porá o dedo na ferida para que seus semelhantes a restrinjam, como ela mesma deverá restringir-se amiúde, já que a vida da Cabra não é uma vida fácil; ainda que tenha tudo, ainda que tudo a tenha conquistado, a Cabra vencerá essas dificuldades pelo prazer de vencê-las. O ano da Serpente será, pois, um ano propício a seus planos.

O MACACO. O Macaco sempre tem planos úteis, planos de emergência para situações difíceis, e no ano da Serpente encontrará quem o ouça e quem ponha em prática suas ideias. Será, pois, para ele um ano de expansão social e profissional, mas quando a anomalia desse ano tiver desaparecido, o Macaco se encontrará de novo sem missão a cumprir. Que não deixe, pois, o que tem em mãos para realizar uma obra efêmera no ano da Serpente. Que aceite a missão que lhe for oferecida, um emprego, um extra e nada mais.

O GALO. O ano da Serpente há de ser um bom ano para os estudos do Galo. Muitas vezes falta ao Galo preparo, sua vida estudantil é frequentemente difícil, e no ano da Serpente poderá completar seus estudos. Seja qual for a posição social do Galo, deverá se interessar por coisas novas, sobretudo, pela economia e pela sociologia. Também será um ano propício às viagens, principalmente se forem voltadas ao trabalho ou ao estudo comissionado por uma grande empresa. Que estabeleça o Galo relações com pessoas que vivam no exterior ou noutras cidades do mesmo país, ou ainda, com empresas dedicadas à importação e exportação. Tais relações serão frutíferas ao Galo no ano da Serpente.

O CÃO. O Cão é talvez o único animal do Zodíaco Chinês que viverá sem trabalhar, no ano da Serpente. E é que nessa contabilização de recursos humanos que terá lugar no ano da Serpente, seja possível que se dê conta de que ao Cão se lhe deve algo. É possível que o Cão tenha trabalhado sem cobrar, e no ano da Serpente receberá, de uma forma ou de outra, os benefícios desse trabalho atrasado. É possível também que o Cão cobre uma herança no ano da Serpente ou que se beneficie de qualquer doação. Há de ser em definitivo um ano de insatisfações para o Cão, o ano da Serpente.

O JAVALI. Ano de alianças para o Javali o da Serpente, alianças do tipo sentimental e também de negócios; ainda que os negócios sejam medíocres para o Javali não lhe agradam os assuntos de envergadura e se sentirá à vontade nessa pequenez. É possível que o Javali se case no ano da Serpente com uma pessoa organizada e limpa que lhe ensinará a analisar as coisas, enquanto que o Javali, por sua vez, lhe ensinará a síntese. Javali e Serpente são aliados naturais, e nesse ano há de coincidir em muitas coisas. Mas, o Javali dependerá muito das circunstâncias, da sociedade, dos demais. No ano da Serpente deverá se amoldar a elas para tirar proveito desse período.

O Cavalo

O Cavalo, junto com o Búfalo, é o playboy ou a playgirl do Zodíaco Chinês, mas enquanto o Búfalo é narcisista e se compraz na sua própria contemplação, o Cavalo é exibidor de beleza e de amabilidades. Há uma obra de Giradou, em que o protagonista alcança os mais altos cimos só em dizer às pessoas, com as quais se encontra, que são belas, inteligentes e maravilhosas. Sem dúvida, o personagem dessa obra é um Cavalo.

O Cavalo é o grande casamenteiro do Zodíaco Chinês, é o que junta, o que reúne, não só em nível sentimental, mas em todos os níveis, na formação de empresas, de sociedades, de sindicatos, de corais, de agremiações. Tem a virtude de reunir vontades heterogêneas que nunca coincidiriam, se não mediasse a intervenção do Cavalo.

É pessoa de palavra fácil, entusiasmada, capaz de comunicar suas ideias aos demais, seus sentimentos, quando não, suas paixões. É o organizador por excelência, e um partido político não poderá viver sem um Cavalo, que se ocupasse das relações públicas.

Seus reflexos intelectuais são muito rápidos e capta de imediato o pensamento dos demais. Imbui-se das suas ideias e as repercute sobre as assembleias sem dirigi-las realmente. Isso faz com que o Cavalo seja menos inteligente do que parece ser, o que é tão bom, pois é utilíssimo para reunir pessoas convergentes e também divergentes, mas o Cavalo não é pessoa adequada para compor a direção de tais sociedades, uma vez organizadas.

Esse condicionamento psicológico constituirá o primeiro conflito na vida do Cavalo, e que raciocinando com lógica se dirá que se ele foi capaz de criar aquela organização, por que então as coisas sucedem de tal modo que não possa dirigi-la. E o Cavalo, que é capaz de grandes doçuras, é igualmente capaz de grandes cóleras. Em verdade, há pouca estabilidade em seu caráter, de modo que ou bem se mostra obsequioso de modo angustiante ou é exigente e vingativo, liberando tal violência a ponto dos demais se afastarem dele.

Se na vida social mostra-se feito um agente de concórdia e de união, na vida íntima é muito mais difícil organizar, porque os que convivem com ele sabem perfeitamente do seu ponto fraco, sabem que sua amabilidade e seu encanto são a sua fachada direita, mas que possui um reverso da medalha muito difícil de digerir.

A vida do Cavalo, aparentemente cômoda e feliz, é na realidade muito mais difícil e complicada. Vive devorado por uma ambição dificilmente realizável, porque a situa mais além de suas possibilidades.

O posto que deseje ocupar pertence mais ao mundo dos sonhos e ao delírio do que ao da realidade. Mas, se seu horóscopo solar apoia positivamente esse sonho, então podemos ter frente a nós um grande conquistador no estilo de Carlos Magno, que era um Cavalo. O desmesurado de suas exigências sociais faz, em geral, que elas permaneçam insatisfeitas, o que será uma razão para que o Cavalo viva amargurado.

Em sua vida familiar sucederá algo bem parecido. O Cavalo terá grandes dificuldades em criar o lar confortável que deseja, porque, tão hábil em amealhar vontades para uma obra comum, não o é tanto no momento de ganhar dinheiro com seu próprio esforço. Seus salários exíguos serão um motivo de ressentimento contra a sociedade que não o estimam, dirá ele, em seu justo preço. Conseguirá mais facilmente obter dinheiro do esforço dos demais, das sociedades de que participe sem aportar trabalho ou do seu cônjuge. Mas, como as relações com o cônjuge também serão tormentosas, é possível que não desfrute sempre de suas rendas.

O mais sólido da vida dos Cavalos serão suas amizades, mas esses amigos constituirão também para eles uma prova a superar, já que se tratará de personalidades de primeiro plano, das quais captarão as ideias e gozarão de uma parte do seu poder e do seu prestígio. Um dia ou outro, os Cavalos terão a tentação de se apoderar da estratégia de suas amizades, de suplantá-las para que apareçam eles com as virtudes do amigo. Em casos extremos, os Cavalos podem ser verdadeiros vampiros na captação das virtudes das pessoas em contato permanente com eles. Sua excessiva ambição pode levá-los, pois, à destruição da amizade. Mas, não há de ser difícil encontrar novos e valiosos amigos. Se a experiência do sucedido anteriormente lhes serve de algo, a história não se repetirá.

Avançam a grandes passos no caminho da evolução. Sua agitação interior lança-os a numerosas experiências. O Cavalo feminino não sente vocação pelas tarefas domésticas, prefere trabalhar e passar maior tempo possível no exterior. Mas no trabalho tão pouco deita raízes, inclusive o Cavalo masculino, que passa de uma posição a outra, de um ofício a outro, com extrema celeridade. Porém, como praticar tantos ofícios não é possível fazê-lo legalmente hoje, resulta que o Cavalo é o eterno intruso atrás de um título, atrás de um diploma, de um carnê, e se chega a alcançá-lo, com toda segurança deixará o que está fazendo para se envolver em outra profissão e assim por toda a vida.

A sexualidade do Cavalo costuma ser aprazível. Não é o incentivo sexual o que o impele a conquistar, mas, antes, o romântico. O Cavalo é um grande romântico e, por assim dizer, um especialista das flechadas. Pode enamorar-se fulminantemente em qualquer lugar; seu coração necessita menos tempo para se prender a um exemplar do sexo oposto do que uma câmara fotográfica para imprimir um clichê. Pode enamorar-se no trem, num cruzamento, percebendo a silhueta da alma gêmea ou também, praticando a pesca submarina, vestindo um escafandro. Os Cavalos costumam se casar cedo e subitamente. Mas o amor, com a mesma rapidez que lhes vem, se lhes vai, em proveito de um novo amor.

Os animais que mais afinidade sentem pelo Cavalo são o Cão e o Tigre. O Cão satisfaz, sobretudo, essa permanente sede de mudanças de que padece o Cavalo, porque o Cão jamais é igual a si mesmo. Por outra parte, o lar do Cão costuma ser confortável, e o cavalo é o primeiro beneficiado desse conforto que ele, por seu próprio esforço, tão dificilmente encontra.

O Tigre, pelo contrário, abastece-o de ideais. O Tigre sempre tem um assunto interessante em mãos e com seu modo de se expressar, deslumbra a imaginação do Cavalo, que vê no assunto uma plataforma para vir a reinar. Depois tudo se dissipa, porque os assuntos do Tigre são fugazes, mas esse animal não tarda em presenteá-lo com nova coisa para ruminar. O que se passa com o Tigre é que seu lar é tão exíguo como o do Cavalo, e a associação de ambos conduz à associação das mesmas dificuldades no que se refere à vida de família.

O Macaco, o Dragão, o Javali e o Búfalo podem também ser bons parceiros, mas o Macaco conhece demasiado bem o Cavalo, e a sua seria uma união sem mistério, e quanto ao Dragão será sempre mais amigo e protetor que namorado.

O Rato é o complemento natural do Cavalo e será em definitivo quem o leve ao altar. Mas, o Rato, para o Cavalo, não será portador de paz, mas de luta.

Tudo o que o Cavalo traz a seu inconsciente por ser contrário à imagem que quer dar dele à sociedade, o Rato o potencializa e se lhe fecha a cara. O Rato é o espelho do inconsciente do Cavalo, mas ele não quererá admitir jamais que tenha algo parecido com o irascível Rato. A união Rato Cavalo será tormentosa, mas ao mesmo tempo será portadora de luz.

Os animais incompatíveis com o Cavalo são o Coelho e o Galo. O Coelho, com suas maneiras arrogantes e sofisticadas, diminui o Cavalo que não há de lhe perdoar nunca a afronta. O Galo, com seu pessimismo sólido, como uma rocha, atira constantemente baldes de água fria sobre os sonhos insensatos do Cavalo.

Os períodos favoráveis na vida do Cavalo são os compreendidos entre os 14 e os 21 anos, entre os 42 e os 49 e entre os 70 e os 77 anos.

Os períodos desfavoráveis situam-se entre 1 e 7 anos, entre os 21 e 28 anos e entre os 63 e os 70 anos. Os Cavalos de Gêmeos, Libra e Aquário serão os que mais facilmente realizarão seu destino e os que menos tensões terão que viver.

Os cavalos de Câncer, Capricórnio e Áries serão os que mais contrastes, obstáculos e dificuldades encontrarão em seu caminho.

Os Cavalos evoluídos, os puros-sangues do signo, são de uma beleza física e moral que só em vê-los adivinha-se que são indivíduos de uma raça superior.

O *ano do* Cavalo *(nascido em):*

- 1906 de 25 de janeiro a 13 de fevereiro de 1907.
- 1918 de 11 de fevereiro a 1º de fevereiro de 1919.
- 1930 de 30 de janeiro a 17 de fevereiro de 1931.
- 1942 de 15 de fevereiro a 5 de fevereiro de 1943.
- 1954 de 3 de fevereiro a 24 de janeiro de 1955.
- 1966 de 21 de janeiro a 9 de fevereiro de 1967.[7]

Será um ano de matrimônios, um ano de festas de sociedade, um ano de cerimônias. Todo mundo buscará a pessoa com quem se aliar, tanto no plano particular quanto no social. O desejo de se casar, de se associar significa que as pessoas sentem a necessidade profunda de se entender, de fazer algo em comum. Será um ano muito favorável para as associações. De todos as partes florescerão as vontades no ano do Cavalo e se tratará de uma vontade de avançar em direção ao futuro. Entre as nações se firmarão acordos de cooperação que as vincularão durante muitos anos, e a ameaça de guerra desaparecerá. O mundo inteiro buscará a união dos interesses particulares com os gerais e o sindicalismo dará grande passo em termos de entendimento. O elo capital-trabalho se entenderá mais e os antagonismos desaparecerão, até certa medida, pelo menos. Será um bom ano para os diplomatas, para os intermediários, para os representantes, para os gestores e um bom ano também para a arte, para a beleza. Os concursos de beleza voltarão ao auge, e o sistema dos monstros sagrados se imporá de novo no cinema. Será um ano de felicidade em que as pessoas terão a sensação de que o mundo está evoluindo e de que os problemas estão resolvidos. Todo mundo criará facilidades a todo mundo, e a vida será muito mais grata no ano do Cavalo.

---

7 *O ano do Cavalo retorna a cada doze anos.*

Como será o ano do Cavalo
para os nascidos nos distintos signos

O RATO. Não será um ano excelente para o Rato. O Rato busca a desarmonia porque é onde pode criar de acordo com sua peculiar personalidade. Quando as coisas vão bem, como sucederá no ano do Cavalo, os serviços do Rato serão desnecessários, mas se o Rato tiver poucos afazeres nesse ano, em troca será um ano muito favorável às uniões, sobretudo, as do tipo sentimental. A metade da sua laranja que possa encontrar, resolverá para o Rato os problemas inerentes ao contexto social. Buscar aliados deve ser o objetivo do Rato no ano do Cavalo.

O BÚFALO. O Búfalo se verá solicitado no ano do Cavalo, mas se tratará de coisas de pequena monta. Todo mundo lhe pedirá serviços, e o Búfalo se dará conta de que deve prestá-los gratuitamente. Isso não lhe agradará. Não é ano favorável à expansão das suas ambições. O Búfalo não mandará no ano do Cavalo, mas será utilizado, contudo se aceitar as regras desse jogo, poderá ocorrer que por seus serviços o Búfalo obtenha grandes recompensas.

O TIGRE. Nesse clima de associações, de partidos, que é o ano do Cavalo, o que encontrará o Tigre será o amor. Seu temperamento o levará a estar presente em todas as manifestações da vida pública ou da vida social. E o Tigre encontrará nelas essa pessoa disposta a admirá-lo quando se referir às suas aventuras. O próprio Cavalo se deixará seduzir pelo Tigre, já que é um animal que o enlouquece literalmente. À parte, as satisfações amorosas, o ano do Cavalo há de oferecer ao Tigre possibilidades de criação. O mundo está se organizando, e o Tigre deixará sua marca nele e em justo retorno ele receberá as compensações econômicas e morais que tanto o dignificam.

O COELHO. Ao Coelho agrada-lhe a neblina, agrada-lhe a penumbra, a obscuridade, e no ano do Cavalo tudo estará demasiado claro para que o Coelho tenha algo a fazer. As pessoas estarão falando de coisas muito concretas, enquanto que ao Coelho agrada-lhe o abstrato, o difuso, o misterioso. Não conseguirá se encaixar ao ambiente desse ano. Mas, em compensação, será favorável a uma interiorização do Coelho, a uma busca no fundo do seu próprio ser, daquilo que quer realmente, daquilo que move seus mecanismos. Será um ano de reconsideração de si mesmo, de autocrítica e talvez de encontro de novas verdades. Ano favorável à perda de certos hábitos viciosos que parasitam a vida do Coelho.

O DRAGÃO. O ano do Cavalo será um ano talhado na medida para o Dragão. Os auditórios irão buscá-lo para que diga o que pensa sobre a nova organização da sociedade. Mas, não obstante, o Dragão corre o perigo de decepcionar seu auditório, já que o que todo mundo buscará há de ser um salto para diante, e o Dragão lhes parecerá excessivamente conservador. Deverá realizar um esforço de adaptação se deseja ser verdadeiramente útil nesse ano, e caso não consiga, o Dragão se verá ultrapassado pelos acontecimentos ficando aquém das expectativas.

A SERPENTE. A Serpente fará o seu verão no ano do Cavalo, pois as coisas se apresentarão de tal modo, que a Serpente se encontrará atrás da caixa registradora e será quem fará o brinde nos negócios públicos desse ano. No ano anterior a Serpente iniciou muitas coisas e neste ano deverá estar presente na faina das colheitas. Prosseguirá de modo harmonioso o que realizou no ano anterior e viverá praticamente dos trabalhos anteriores.

O CAVALO. O ano do Cavalo será de luxo para o Cavalo. Seu talento organizador se verá em relevo e se ele mesmo não se casar, será solicitado como padrinho de bodas, mas essas bodas de que participará não serão somente individuais, mas bodas coletivas, quer dizer, será ele a reunir sociedades, criar sindicatos, pôr os particulares que se buscam em contato para que possam realizar sua obra mais facilmente. Mas que procure o Cavalo pensar no seu futuro, já que as pessoas se esquecerão logo que foi o intermediário, e após ter sido uma autêntica estrela nesse ano poderá se encontrar completamente marginalizado nos anos vindouros. Que trate de deitar raízes em vez de ser apenas o anfitrião, o que chama a atenção e nada mais.

A CABRA. Quando se produzem reajustes a Cabra sai sempre perdendo, pois o Cavalo é seu inimigo tradicional sempre que seja do mesmo sexo, já que Cabra e Cavalo de sexo oposto podem se entender muito bem. Mas, a Cabra, por ser um individualista feroz e por seu modo de ser, deve levar seus assuntos pessoalmente, sem intervenção de terceiros. Como as ideias intervencionistas serão muito fortes no ano do Cavalo, resultará que os interesses da Cabra, físicos ou morais, de um ou de outro modo saiam prejudicados. Que a Cabra não inicie nada no ano do Cavalo, que aguarde o próximo ano que será o seu para realizações importantes.

O MACACO. Excelente ano para o Macaco, o ano do Cavalo. Por fim, encontrará pessoas que levarão a sério suas grandes ideias e se verá solicitado a pô-las em prática. O Macaco ganhará muito em honras e isso é o que importa a ele, já que do plano material é bastante desprendido e não atua movido pelo afã de ganhar dinheiro. Fará muitos amigos nesse ano e possivelmente obterá alguma nomeação para desempenhar um cargo público, relacionado com a arte ou com a beleza. Poderia ser assim tal qual o presidente de um julgamento artístico reunido para dar um prêmio ou algo desse sentido.

O GALO. Sua vida profissional se verá posta em relevo no ano do Cavalo, mas como o Galo é partidário do imobilismo e dos costumes bem estabelecidos, isso de ter que mudar o aborrecerá ainda que se trate de uma mudança para melhor; ao Galo se dá no mesmo, prefere o antigo, o já conhecido, ao que está por vir. É o inventor do provérbio que diz: "Vale mais um pássaro na mão do que cem voando" e no ano do Cavalo, o Galo perderá esse pássaro nas mãos, apesar de haver já não centenas, mas milhares de pássaros voando. Tudo dependerá, pois, de que sua vontade de caçá-los seja mais forte do que tudo. Um Galo inibido não valerá nada no ano do Cavalo.

O CÃO. O Cão viajará muito no ano do Cavalo, viajará quase constantemente. Como se trata de inovar, as pessoas se darão conta de repente de que ele seja um grande inovador e o chamarão. O Cão terá grande influência na organização dessa sociedade nova estabelecida no ano do Cavalo, e ao se desvencilhar de suas ideias velhas, o Cão adquirirá as novas que, tão originais como as anteriores, deverá guardá-las para lançar noutro ano que lhe seja propício.

O JAVALI. Os aliados do Javali terão muita prosperidade no ano do Cavalo e será através deles que o Javali obterá grandes benefícios, sem necessidade de realizar grande esforço. Tirará proveito de muitas coisas que considerava realmente perdidas. E não somente fará aquisições no mundo material, mas o Javali também enriquecerá seu espírito, porque terá fome de conhecimentos novos, e nesse ano do Cavalo, em que tudo se moverá, sua inteligência estará em marcha também.

A Cabra

A Cabra é o animal mais atormentado do Zodíaco Chinês. Sempre está duvidando, é um especialista da indecisão e quando, por fim, opta por um caminho, já se lamenta não ter escolhido o outro. E é que as coisas se lhe apresentam aos pares. Sempre, constantemente, tem ante si duas possibilidades, duas oportunidades, dois partidos solicitam-na para casar, oferecem-lhe dois empregos, duas associações políticas pedem-lhe sua adesão e assim, tudo na vida.

Mas, é no plano moral onde essa dualidade resulta mais dramática. A Cabra tem inquietações espirituais, tem vocação de santo, para expressá-lo de um modo radical, mas por outro lado, sua natureza a expõe a terríveis tentações. "Há uma lei do espírito que me impele para cima, mas que não sigo", dizia São Paulo numa das suas epístolas. "E há uma lei dos membros que me impele para baixo e esta sim, a que sigo". Essas palavras parecem ter sido escritas pensando-se nos problemas da Cabra, já que se uma forte corrente a empurra para a espiritualidade, uma corrente não menos forte a precipita para o cálido ambiente infernal.

A Cabra não se enquadra nos termos médios, não pode permanecer entre duas correntes, e fatalmente deverá estar numa ou noutra. Durante sua juventude, poderá ainda saltar de uma a outra corrente, passar da corrente inferior à superior e vice-versa, mas, à medida que a vida vai avançando, chegará um momento em que já não lhe será possível dar esse salto e deverá acomodar-se ou na corrente de cima ou na corrente de baixo.

Se conseguir integrar-se à corrente superior, então a Cabra se alçará muito acima do cidadão mediano, no que se refere à evolução espiritual. Porá toda sua tenacidade em conquistar novos cimos e porá seu saber ao serviço dos demais. Não será esse místico contemplador ao estilo hindu, mas um homem eminentemente ativo no plano físico, um homem que não buscará as satisfações egoístas, mas o bem comum. Enriquecer-se-á, mas não será nunca uma pessoa rica, porque constantemente utilizará seu tesouro em proveito dos demais.

Se seguir a corrente inferior, a Cabra se enriquecerá também, mas se dedicará a gozar pessoalmente de suas posses e a levar vida faustosa, inútil para os demais, mas muito útil para si mesmo. De todas as formas, as Cabras não são jamais parasitas de luxo, são gente de empreendimentos, gente de indústria e graças à fabulosa energia que se desprende dela, muitos seres humanos encontram seu sustento. Mas, essa Cabra inferior não viverá feliz com todos os seus tesouros, já que uma voz, na sua consciência, a repreenderá constantemente por não ter içado à corrente superior.

Superior ou inferior, a Cabra é individualista, é o típico *self-made man* e não sente vocação para o social. Seu afã de poder é muito grande, mas não de um poder político, e se trava contato com presidentes, reis ou imperadores, é simplesmente para utilizar sua influência na obtenção de certos favores, de certas concessões que não obteria de outro modo.

A Cabra possui o dom preciso de encontrar aliados bem aposentados. Geralmente seu começo é difícil, mas, um matrimônio rico pode pô-lo no "bom caminho". A mulher Cabra tem má reputação entre os chineses, que pensam que ela outorga facilmente seus favores ao que chega primeiro, com o propósito de se situar economicamente, e se devemos crer na tradição, bom número de cortesãs e prostitutas nasceram sob o signo da Cabra.

O certo é que a Cabra, tanto em sua versão masculina quanto feminina, tem o coração muito amplo. Os Cabras superiores possuirão isso que os místicos chamam de amor universal e serão capazes de amar a toda a humanidade em bloco. Mas, os Cabras inferiores também amam toda a humanidade, mas individualmente, um por um, e daí que cometem numerosas infidelidades para esses mesmos que amam com toda dedicação. No plano sexual, também se inclinam à multiplicidade, e para as práticas amorosas não necessitam nem de pompa, e qualquer lugar lhes parece conveniente, detalhe esse que talvez a tradição chinesa a assimile à prática da prostituição. Em verdade, se a Cabra deseja melhorar sua situação material graças às alianças amorosas, sua sede de amar não se pode atribuir unicamente a imperativos econômicos.

Dispondo de grande carga energética, ao Cabra lhe seduz todo o arriscado, porque no risco, na epopeia, na empresa extraordinária encontra a ocasião de descarregar essas energias que o fazem viver em permanente tensão. Todas as indústrias de transformação: siderúrgicas, petroleiras etc. convêm à personalidade da Cabra. Também lhe agradam as seguintes profissões: cirurgião, militar, polícia, agente especial. Pais que têm um filho Cabra, se este se mostra violento e incontrolável, farão bem de orientá-lo para uma profissão que lhe permita expressar sua violência de modo socialmente admitido, de forma que resulte útil à sociedade, já que se o Cabra encontrar-se na impossibilidade de descarregar seus impulsos inferiores, dentro do marco da lei, os descarregará fora dela e poderá dar lugar a um delinquente.

Essa peculiaridade da Cabra, que é a de transformar as coisas, não a torna muito apta à direção das empresas, posto que dirigir significa conservar, administrar e ela não tem nada de administradora. Não obstante, num momento da sua vida, pela força das coisas, a Cabra se verá conduzido ao poder. A menos que seu horóscopo solar indique o contrário, a Cabra não conservará esse poder, essa direção, e quando soar a hora da saída, deverá abandonar seus cargos sem nostalgia.

Na segunda etapa da vida da Cabra, seja do tipo superior ou inferior, se sentirá cada vez mais atraída pela natureza, por suas belezas e pela arte que as expressa. E seu sonho será encontrar um retiro ao sol para meditar, contemplar.

Os signos que mais se identificam com a Cabra são o Javali e o Coelho. Com o Javali existe uma autêntica cumplicidade, e a Cabra pode aprender muito com ele no plano humano. O Javali tem a virtude de estimular fortemente a Cabra até a via da superação, mas o faz unicamente pelo caminho das emoções, desenvolvendo sua fé.

De outro lado, o Coelho fala à sua inteligência, dando-lhe razões para se superar, mas corre o risco de que essa superação seja unicamente intelectual, em que o conhecimento assim adquirido penetre no sangue, e de nada servirá à Cabra adquirir a clara percepção do seu dever, se for incapaz de cumpri-lo em atos, e tudo se reduzirá a palavras. Mas o Javali e o Coelho são seus cúmplices naturais, e a Cabra sente-se à vontade em sua companhia.

Também se entenderá, ainda que em menor grau, com o Galo que o esporeará criticando-a, com o Rato que lhe renderá excelentes serviços, com o Tigre, que poderá emprestar-lhe dinheiro, e com a Serpente em quem encontrará seu melhor amigo e confidente.

Mas, o aliado natural da Cabra será o Búfalo, em quem encontrará essa opulência a que aspira. O Búfalo é o único animal capaz de neutralizar totalmente os ardores da Cabra e torná-la agradável feito um cordeiro. O Búfalo fará feliz a Cabra, ainda que resulte ele o grande sacrificado dessa união.

O Cão e o Dragão são os dois animais incompatíveis com a Cabra. Com o Cão, a Cabra pode se converter num autêntico vagabundo, sem lar, sem teto, minando sua moral e sua fé em si mesmo. Com Dragão, será ele a mandar, e a Cabra não terá senão que obedecer, e o animal é pouco obediente. Que fuja, pois, do Cão e de Dragão como se tivessem a peste.

Os três períodos favoráveis na vida da Cabra são os compreendidos entre os 21 e os 28 anos, entre os 49 e os 56 anos e entre os 77 e os 84 anos.

Os três períodos desfavoráveis situam-se entre os 7 e os 16 anos, entre os 28 e os 35 anos e entre os 57 e os 76 anos.

As Cabras de Câncer, Escorpião e Peixes são as que mais bem respondem às características do signo e as que mais se desenvolverão na vida.

As Cabras de Áries, Gêmeos, Virgem e Capricórnio também encontrarão harmonia entre seu caráter e seu destino. Pelo contrário, os nascidos sob os signos de Touro, Leão e Aquário se encontrarão num universo que não responde às suas qualidades íntimas e deverão consentir grande esforço de adaptação.

A missão transcendente das Cabras é plasmar suas energias transformadoras sobre a sociedade, de modo que o cidadão médio se sinta incomodado em seu conforto, em seus princípios, em seus prejuízos e hábitos e sinta o desejo de ir mais além. Impulsionar seus semelhantes mais além, consciente ou inconscientemente, é a missão das Cabras.

O *ano da Cabra (nascidos em):*

- 1907 de 13 de fevereiro a 2 de fevereiro de 1908.
- 1919 de 1º de fevereiro a 20 de fevereiro de 1920.
- 1931 de 17 de fevereiro a 6 de fevereiro de 1932.
- 1943 de 5 de fevereiro a 25 de janeiro de 1944.
- 1955 de 24 de janeiro a 12 de fevereiro de 1956.
- 1967 de 9 de fevereiro a 29 de janeiro de 1968.[8]

O ano da Cabra será um ano de arrependimento, um ano de penitência; o grito bíblico de "Arrependei-vos, miseráveis, arrependei-vos!" soará muito forte no ano da Cabra. As pessoas se darão conta de repente de que não estarão vivendo do modo como deveriam viver. Os que possuírem vícios onerosos se desprenderão deles, e os que se beneficiavam desses vícios se encontrarão na rua. Os exames de consciência resultarão terríveis para certas pessoas, e mais de um financista "se cortará a orelha" para chamar a atenção sobre o mau andamento do seu negócio.

Será um ano terrível, um ano de acerto de contas, um ano de crimes também, sobretudo, crimes passionais. Haverá desentendimento com os que vão querer cortar relações ilícitas ao parceiro que quiser continuá-las, e esses desacordos poderão dar lugar a espantosos crimes que virão a público com grande impacto na mídia. Será um bom ano para os psicanalistas que serão muito solicitados.

Na vida pública haverá confissões e autocríticas que poderão ser tema a grandes reportagens e a livros. Todo o mundo vai se empenhar de modo a buscar o destaque, seja ele no âmbito positivo ou negativo. Ano de grandes manipulações o da Cabra, em que as paixões humanas se converterão em espetáculo. Essas

---

8 *O ano da Cabra retorna a cada 12 anos.*

transformações da própria natureza. A ciência e a indústria de transformação realizarão descobrimentos sensacionais. Sabemos já que o petróleo pode ser convertido em moeda de menor valor. Outros descobrimentos surpreendentes acontecerão no ano da Cabra. Ano de ajustes e reajustes em que o mundo se parecerá a uma estação de manobras, em que as máquinas do trem vão para diante, logo para trás para encaixar vagões aqui, deixá-los ali, recolher mercadorias e logo organizar trens para viajantes. O mundo inteiro se parecerá a um edifício em construção, e será prudente andar com capacete para não receber em plena cabeça e das alturas algum paralelepípedo. O ano da Cabra será um ano de parto, de parto de um mundo novo, impreciso, todavia, caótico, mas que há de conduzir a humanidade à sua nova terra prometida.

Como será o ano da Cabra para os nascidos nos distintos signos

O RATO. O Rato terá onde fisgar no ano da Cabra, e com toda segurança encontrará oportunidades "caídas do céu". Será pedido pouco ao Rato, unicamente sua presença. O Rato saberá aproveitar-se dos negócios dos demais, incluindo nessa epígrafe seu próprio cônjuge. Esse complexo ser que é o Rato estará em abundância no ano da Cabra, no momento preciso em que todos navegarem nos mares da instabilidade.

O BÚFALO. O Búfalo não foi feito para esses trotes. Mal ano para ele o da Cabra. Sua estabilidade virá abaixo, e se estiver desfrutando de uma situação injusta pode se encontrar de repente em pleno desastre. Que não reivindique nesse ano, que trate de passar despercebido.

O TIGRE. O Tigre terá muito trabalho nesse ano. Um trabalho que absorverá todo seu tempo e que o apaixonará. Encontrará fascinantes escândalos a explorar, e os crimes o farão escrever artigos passionais. Não obstante, se por um lado tiver evidentes vitórias profissionais, por outro, se criará muitos ressentimentos, gente que se sentirá prejudicada com o que escreveu ou o que disse que pode se converter em perigoso inimigo. Será, pois, um ano de inimizades, um ano em que pode ser objeto de violência por parte de algum cliente descontente. Seus instintos inferiores se verão iluminados por reflexos turvos, e o Tigre atuará com sanha no ano da Cabra, no que se refere à sua vida profissional. Se o Tigre souber se moderar, se souber utilizar sua ironia em doses menores, poderá atravessar triunfante e sem prejuízo o ano da Cabra.

O COELHO. Grande ano para o Coelho é o da Cabra. Ao Coelho agrada-lhe o confuso, o melodramático, o estéreo, e a Cabra é para ele um amigo de toda a vida. A Cabra irá com frequência buscar consolo no Coelho e a pedir seu conselho, e o Coelho, com suas explicações, a deixará mais confusa, mais cheia de dúvidas e de problemas. Culpado ou inocente, o Coelho e a Cabra se entenderão às mil maravilhas no ano da Cabra. Não serão eles a protagonizarem dramas passionais, mas antes, ocorrerá que, quando a Cabra tiver atacado a culpada da vítima, irá procurar o Coelho para que lhe prodigalize seu consolo e sua compreensão. O Coelho produzirá efeitos calmantes para a Cabra, e a Cabra excitará a emotividade do Coelho com o arrepiante de sua situação. Ano de gozo, de prazeres, de amores para o Coelho, amores com esse sabor de tragédia que tanto agrada ao Coelho.

O DRAGÃO. O Dragão faz parte daqueles que costumam estar acima, e no ano da Cabra é muito possível que se encontrem abaixo. É muito provável que o Dragão se encontre entre os atingidos pelo remorso que reinará em dono e senhor no ano da Cabra.

Mas, o Dragão é pouco dado a confissões públicas e é possível que viva sozinho seu remorso. Ninguém compreenderá o Dragão no ano da Cabra. Sua própria família se afastará dele e inclusive, talvez, o traia. Será um Dragão vencido com o pé do seu triunfador sobre seu calcanhar. Haverá pouca tranquilidade no seu lar e melhor seria ao Dragão fazer uma longa viagem durante o ano da Cabra.

A SERPENTE. A qualidade de vida se degredará durante o ano da Cabra. Não se encontrará entre os perdedores, mas lhe agrada a ordem, a higiene, a retidão, e no ano da Cabra notará uma prodigiosa desordem, uma desordem que se instalará ao seu redor. É possível que seus vizinhos façam obras no seu andar e que perturbem a tranquilidade da Serpente com suas marteladas. São pequenas coisas, mas a Serpente dá muita importância a essas pequenas coisas e viverá esse ano com a língua de fora e sem saber onde fincar o dente. Porém, nesse engata e desengata que se produzirá no ano da Cabra, encontrará a Serpente muitas oportunidades, novas coisas começarão, sua vida se orientará de outra forma, terá novos incentivos, novos centros de interesse, e se a Serpente conseguir sair da sua timidez dará grandes passos no ano da Cabra.

O CAVALO. O Cavalo fará negócios no ano da Cabra. As uniões que começam e as que acabam lhe aportarão benefícios. Só lhe solicitará que encaixe os pedaços do que foi rompido e o Cavalo cobrará faturas importantes se souber dar prioridade ao econômico acima desse desejo de figurar que sempre move o Cavalo.

A CABRA. Será o herói desse ano, o veremos agigantar-se, pôr a mão no peito para dizer ao povo que ele não é o culpado do que está ocorrendo, que ele não é o traidor, que ele não quis que aquilo acontecesse. É um ator consumado e no seu ano encontrará o público que necessita. Suas entonações serão de um maravilhoso dramatismo e suas cóleras serão fulminantes. Para ele serão as comédias e as tragédias do ano. E tanto pode encontrar-se no índice das vítimas quanto no dos verdugos. Se no seu destino está marcado um crime, este será o ano em que o cometerá. Mas encontrará um jurado disposto a perdoá-lo. Seu crime pode dar-lhe a celebridade, e quando escrever o relato do drama vivido se farão petições em todas as línguas da Terra, e as capitais de cada país o solicitarão para que assista aos coquetéis de apresentação e conferências de imprensa, para que todos estejam informados das razões que o moveram.

O MACACO. O Macaco se encontrará um pouco fora de jogo no ano da Cabra. Os reajustes neutralizarão a eficácia das suas intervenções. Estará dando soluções a problemas que já deixaram de existir e quando preparar novas soluções para situações criadas, estas situações já se terão desintegrado, convertendo-se noutra coisa. O Macaco irá atrás de algo que não existe no ano da Cabra. Por outra parte, suas tendências inconscientes se verão muito acentuadas, e como o Macaco é um apaixonado que se nega, pode ser que nesse ano viva sua grande tentação. Se ceder a ela, se verá automaticamente desqualificado para dar conselhos aos demais e para se apresentar como árbitro de situações complicadas e conflitivas. Ano delicado para o Macaco é o da Cabra.

O GALO. O Galo é como uma das colunas que sustentam estruturas e essas estruturas vão ruir no ano da Cabra. Não será um ano de alegria para o Galo, contudo novas estruturas se formarão, necessariamente, se o Galo se adaptar à nova situação criada, pois sua posição acabará sendo ainda melhor do que anteriormente o era. O que acontece é que o Galo não é um animal que se adapte, quando algo se afunda quer retornar imediatamente à situação anterior, ao pré-existente, e nesse ano não há de conseguir que o passado retorne. Se caminhar ao ritmo do seu tempo e ao ritmo dos acontecimentos, esse será um ano feliz, um ano em que, além do mais, o Galo fará profundas e grandes amizades.

O CÃO. O Cão é um especialista das trocas, mas não do gênero que se há de produzir no ano da Cabra. O Cão é planejador, previsor do futuro e age movido pela razão, enquanto que no ano da Cabra tudo o que suceder será em nível emocional. O Cão se sentirá desconectado desse mundo no ano da Cabra, e ainda que as circunstâncias o brindem com oportunidades profissionais, o Cão preferirá renunciar. Cão e Cabra não soam no mesmo diapasão, e no ano da Cabra pouco lhe restará a fazer.

O JAVALI. O Javali realizará progressos intelectuais no ano da Cabra. Tudo o que acontecer criará um espaço no seu espírito. Tomará consciência das coisas e as experiências vividas o farão mudar. O ano da Cabra será para o Javali um ano de viagens, nem sempre fáceis e não muito prazerosas. É possível que deva viajar em condições dramáticas ou que suas viagens sejam motivadas por catástrofe ou mortes. Não obstante, tudo isso não o alcançará individualmente. Tratar-se-á de acontecimentos sociais e coletivos. Apesar do incômodo das viagens, o Javali se encontrará bem acolhido no ano da Cabra, e é possível que em cidades distantes lhe concedam títulos honoríficos, medalhas, dignidades. Produzir-se-ão reajustes em nível intelectual, e o Javali tratará de ser mais digno no ano da Cabra.

O Macaco

O Macaco é o grande idealista do Zodíaco Chinês. É uma personagem que vive bastante fora da realidade e ainda que potencialmente possa se adaptar a qualquer situação, de fato, não quer se adaptar. Ele possui uma ideia, uma visão das coisas e esta é a boa. Os demais devem reconhecê-lo assim, porque ele, o Macaco, pensa, sobretudo, no seu bem, de modo que devem ser os demais os que se adaptem ao que ele imaginou para sua maior felicidade.

Esse é o esquema em que cai prisioneiro o Macaco. Se seu destino for positivo, quer dizer, se na vida não encontrará resistência para desenvolver seu programa humano, o Macaco se converterá facilmente num ditador para aqueles que caírem sob seu mando e responsabilidade. Mas, a ditadura do Macaco não será nunca fria e cruel, será uma ditadura cálida e condescendente, já que o Macaco, que se crê um animal muito compreensivo, muito humano, se dirá que há que perdoar aos pobres subordinados, seus erros, e ele mesmo procurará integrá-los num programa de aperfeiçoamento.

Esse Macaco, com o vento a favor, será mais perigoso para seus semelhantes do que o Macaco com vento contrário, já que exercerá sobre eles tutela, paternalismo, indicando-lhes o que está bem e tratando de privá-los daquilo que considera mal, e assim as pessoas que dependem dele se verão frustradas das experiências que resultariam do exercício do livre-arbítrio, de seus erros, como de seus triunfos.

O Macaco com destino adverso será esse personagem que tem sempre a solução das coisas, mas de quem ninguém faz caso. E esse pobre Macaco se horripilará vendo como seus semelhantes vão à catástrofe ou ao fracasso, sem poder fazer nada para detê-los, quando ele vê a solução justa, salvadora, redentora.

Como nos demais signos, encontramos aqui o Macaco superior e o Macaco inferior. O Macaco é um animal de elevadas aspirações e em vários momentos da sua vida ouvirá a chamada da transcendência. Serão autênticas "vozes" como as de Joana D' Arc ou se tratará da voz da sua intuição. E lhe dirá algo parecido com isso: "Antes de construir a sociedade, deve começar por construir-se a si mesmo. As imperfeições que está vendo no edifício social são suas próprias imperfeições. Não pretenda usar seu cérebro para que os demais sejam felizes, sem antes haver alcançado seu próprio estado de beatitude. Não projete suas ideias para baixo, projete-as para cima, para ligá-las com o receptáculo cósmico. Daí se produzirá uma iluminação em si e verá que os problemas concretos da sociedade são devidos a carências no interior dos indivíduos. Quando compreender isso, não ajudará a resolver um problema que tornará a se apresentar, gerado pelo mesmo defeito individual que o fez possível uma primeira vez, mas que ajudará os indivíduos a preencherem essas brechas interiores, mas o fará impessoalmente".

Essa é na realidade a grande missão dos Macacos, arrojar sua luz, impessoalmente, sobre a humanidade, mediante livros, obras, filosofias, para que o captem aqueles que estejam maduros para a mensagem, sensibilizando o intelecto dos que, todavia, não estejam e preparando-os, às suas expensas, inconscientemente, para a grande largada.

Mas, há que dizer que muitos poucos nativos do signo do Macaco estão em condições de alçar a este nível superior que simboliza o signo. Os que o conseguiram são autênticos mestres e se encontram em nível de evolução tão superior ao comum dos mortais, que os converte em verdadeiros extraterrestres. Os demais Macacos são gente que vende soluções para os mais diversos assuntos, sejam políticos, sejam técnicos. Eles têm a solução para criar uma sociedade justa, uma sociedade sóbria, de bons costumes, a solução para desenvolver um negócio, para aumentar as vendas, para diminuir os custos. E quando as coisas não andam, os Macacos suscitam um discurso, dizendo que a culpa é dos demais, que não souberam seguir as instruções, e vão resolver outro problema.

O Macaco apresenta-se feito um moralista e um doutrinário, mas seu problema é que ele mesmo se vê agitado por fortes paixões e seus atos não correspondem ao que prega. O Macaco é um animal de sexualidade forte, dado às fantasias eróticas, e se ocupa altos cargos pode ser um dia objeto de uma chantagem praticada por alguém que conhece seu segredo.

Com sorte ou sem sorte, o Macaco será sempre um tipo humano engenhoso, útil a uma empresa. Ninguém como ele para buscar motivações nobres a iniciativas que não são tanto. Ninguém como ele para inspirar confiança e saber captar fundos destinados a negócios fabulosos, não só do modesto poupador, mas de entidades bancárias. Se no horóscopo solar do Macaco há indícios de perversidade, será um estelionatário habilíssimo tanto faz montar uma imobiliária, ou uma urbanizadora ou uma financiadora: todo mundo cairá na sua trapaça. E sua habilidade principal será inspirar confiança, nada mais.

Mas qualquer que seja o grau de sua propensão ao perverso, é raro que persista na perversidade. O Macaco sempre procurará se regenerar e pensará como tantos heróis de filmes de série negra, em dar um grande golpe e mudar de vida. A ideia de que seja um ser superior está muito enraizada nele e acabará por desviá-lo do cultivo do egoísmo, para encaminhá-lo às gestas sublimes, de modo que ele mesmo possa se admirar.

O Macaco já está acostumado a não ser estimado no seu justo valor, a ser desaprovado, mas é feliz admirando-se a si mesmo, não em seu aspecto físico, mas em sua capacidade mental. Por isso, vive de modo que não passa essa autoadmiração.

Seu interesse pela vida social, pelo mundo das ideias, faz que o Macaco descuide com frequência dos assuntos domésticos. Isso, porém, não é tudo: o lar dos Macacos é um lugar em que sopram os ventos da fatalidade, e pelo menos uma vez na vida devem sofrer uma prova de tipo familiar ou doméstico. Com sua intuição percebem obscuramente que as coisas não são assim e daí que, o lar e a vida de família não sejam o santo de sua devoção. Na vida profissional, por tudo o que se disse, não ocupam o lugar que se lhes corresponde e sempre deverão se conformar com uma posição inferior aos seus reais merecimentos.

O Rato e o Dragão são os dois animais com que mais facilmente se entende o Macaco. Com o Rato viverá uma autêntica paixão e a única amargura que produzirá ao Macaco será a de se dar conta de que se desvia dos seus ideais transcendentais. Pelo amor do Rato, o Macaco é capaz de vender sua alma ao diabo; mas esse amor o fará também mais humano e lhe permitirá compreender bem mais o que convém aos seus coetâneos.

O Dragão o estimulará intelectualmente, mas, na união Macaco – Dragão, existirá uma luta acirrada pelo poder. O Macaco é superior ao Dragão, mas este não lhe admirará jamais essa superioridade. O Dragão aspirará à liderança, e o Macaco lhe fará constantemente sombra. Um Dragão feminino com um Macaco masculino se completarão mais do que uma aliança ao revés. Mas, o certo é que ambos têm muito em comum.

Pode igualmente entender-se bem com o Cão que lhe proporcionará novas direções para seus atos; com o Búfalo, excelente como secretário; com o Coelho que exercerá sobre ele uma poderosa atração sexual; com o Cavalo, que será o amigo de sempre, aquele a quem se recorre nos momentos difíceis.

Mas, é o Tigre o animal que estará indissoluvelmente ligado ao seu destino. O Macaco necessita da visão terra a terra do Tigre para que não fuja nos assuntos do cotidiano, para uma excessiva idealização.

Os signos de incompatibilidade com o Macaco são o Javali e a Serpente. Não é que o desacordo entre eles venha pelo fato de serem demasiado distintos, mas, pelo contrário, demasiado próximos: não há mistérios entre eles, sabem perfeitamente que número calçam e não se necessitam entre si.

Os três períodos favoráveis na vida do Macaco são os compreendidos entre 1 e 7 anos; entre 28 e 35 e entre os 56 e 63 anos.

Os três períodos desfavoráveis: entre os 14 e os 21 anos; entre os 35 e os 42 anos e entre os 77 e 84 anos.

Os nascidos sob o signo de Áries, Leão e Sagitário serão os que mais facilmente realizarão seu programa humano, podendo-se considerá-los Macacos com sorte. Encontrar-se-ão igualmente num universo propício, ainda que em grau menor, os nascidos sob os signos de Touro, Câncer, Libra e Aquário.

Os Macacos sem sorte se encontrarão entre os nascidos sob os signos de Gêmeos, Virgem e Peixes.

Os Macacos vieram ao mundo para expressar com sua ação os ideais de altruísmo, desprendimento, generosidade, em seu grau mais elevado e devem apontar, seja qual for seu posto na escala social, para esses cimos ideais.

O *ano do Macaco (nascidos em):*

- 1908, de 2 de fevereiro a 22 de janeiro de 1909.
- 1920, de 20 de fevereiro a 8 de fevereiro de 1921.
- 1932, de 6 de fevereiro a 26 de janeiro de 1933.
- 1944, de 25 de janeiro a 13 de fevereiro de 1945.
- 1956, de 12 de fevereiro a 31 de janeiro de 1957.
- 1968 de 29 de janeiro a 17 de fevereiro de 1969.[9]

Se o ano da Cabra foi um ano de ajustes e reajustes, um ano de grandes manobras, as vias estarão preparadas para uma longa viagem. Será um ano de viagens, o ano do Macaco. Um ano em que se atravessarão muitas fronteiras, não só no sentido físico, mas também no espiritual. Será o ano em que se irá mais além do ponto em que alguém se encontra, seja qual for sua situação na vida e na sociedade. Será um ano feito na medida para os que têm bons calçados, para os caminhantes, para os dinâmicos. Ano ruim para os parados, para os que se encontram enraizados no passado.

O ano do Macaco é um ano de profundo idealismo, um ano em que a voz da razão fica para trás e os ideais são lançados muito adiante, avançando em pleno vazio. A vida de cada um se encarrilhará por novos trilhos, as ideias vindas do exterior penetrarão com força no país e potenciarão atitudes que não seriam possíveis sem elas. As viagens desempenharão papéis de destaque na vida da minoria atuante, enquanto que a maioria silenciosa se deixará conduzir pelos novos líderes que surgirão no ano do Macaco. Ocorrerão coisas no mundo, e no coração de cada um se aninhará grande esperança. Todas as frustrações podem desaparecer no ano do Macaco, e aquilo que não havia sido possível, até então, pode se converter numa magnífica realidade. É preciso saber viver em estado de mobilidade espiritual no ano do Macaco.

---

9 *O ano do Macaco retorna a cada 12 anos.*

Como será o ano do Macaco para os nascidos sob os distintos signos

O RATO. Grande ano para o Rato, o ano do Macaco. Haverá demanda geral de Rato nesse ano e o Rato poderá exportar seu talento aos mais distantes rincões da terra. Se o Rato tem talento literário, no ano do Macaco se produzirá a data com êxito. O Rato se venderá bem no ano do Macaco e se verá solicitado não só em nível social, mas em nível sentimental também. Os Ratos solteiros poderão contrair matrimônio vantajoso com o mesmo Macaco. Será para eles um ano de plenitude, um ano excepcional, um ano de grandes criações.

O BÚFALO. O Búfalo, que é por natureza pacífico, no ano de delírio ideológico do Macaco ouvirá sobretudo a voz que diz: "Não faça a guerra, faça o amor", e o Búfalo obediente porá em prática esse princípio, será um ano de amor para o Búfalo, mas, sobretudo, em sua versão sexual. Não obstante, os Búfalos de natureza superior descobrirão novos mundos e suas vidas cobrarão novas dimensões no ano do Macaco. Ano também de enriquecimento para o Búfalo, ano em que tudo lhe será entregue de bandeja, sem necessidade de se preocupar. Ano de prazeres e de crescimento espiritual para o Búfalo.

O TIGRE. Ao Tigre, tanta ideologia cheira-lhe a podre. O que ele quer são autênticos conflitos em que possa investigar e dar à luz coisas apetitosas. No ano do Macaco haverá demasiada pureza para que o Tigre se sinta em seu ambiente, embora possa viver grandes aventuras se se deixar levar por seus aliados, se renunciar a si mesmo e se adaptar ao novo contexto social. Pode ser muito favorável o ano do Macaco para o Tigre, mas se deixar de ser Tigre. E o certo é que tem grandes doses para se metamorfosear e mudar de pele.

O COELHO. Ao Coelho tocará trabalhar e servir no ano do Macaco. É um animal idealista, sobretudo na sua versão superior, mas o idealismo do Macaco é incompatível com o Coelho. Aponta para a exaltação de certos valores, e o Coelho para a desilusão da personalidade. Ambos idealismos são sublimes, mas caminham por vias paralelas e distintas sem que cheguem a se encontrar jamais. Servir e deixar-se utilizar será a palavra-chave para o Coelho no ano do Macaco. Deixar-se utilizar no bom sentido da palavra porque o Coelho se verá solicitado, e, sexualmente falando, pelo Macaco, e deve saber dizer não.

O DRAGÃO. No ano do Macaco, o Dragão poderá realizar uma das suas famosas reconversões. Descobrirá rápido que é o que foi e se sentirá plenamente identificado com as tendências reinantes no ano do Macaco. Quando a evolução ou a revolução tiver ganho posições e tenha conseguido ser um interlocutor valioso, então o Dragão proporá sua forte personalidade como líder, e como precisamente nesse ano haverá grande demanda de líderes, o Dragão poderá converter-se em cabeça dos novos movimentos. Será também um ano de amores românticos para o Dragão. Enamorar-se-á de uma pessoa ou de uma causa conforme a idade ou a maturidade mental e viverá em permanente estado de exaltação.

A SERPENTE. As manifestações políticas ou das ruas não vão com o temperamento da Serpente. No ano do Macaco tudo será exteriorização e os valores da Serpente não serão apreciados. O mais recomendável é que se dedique à vida íntima e familiar e que não tente vender seu talento. Que estude, que analise, que vá preparando seu dossiê e arquivos, visando ao próximo ano e que descanse de suas ambições, porque se a Serpente tentar se promover se desmoralizará logo ante as circunstâncias adversas, e uma Serpente desmoralizada é menos do que uma lagartixa. Que aguarde pacientemente sua hora, é o conselho que pode ser dado aos Serpentes no ano do Macaco.

O CAVALO. Felicidade completa para o Cavalo no ano do Macaco. Poderá cavalgar a seu modo num mundo muito à sua imagem e à sua semelhança. O Cavalo é um formidável inventor de fãs, e nesse ano porá à disposição do Macaco seu aplauso particular, que fará com que as manifestações públicas do Macaco sejam um êxito completo. Cavalo e Macaco são grandes aliados para o melhor e para o pior, e nesse ano, naturalmente, será para o melhor. Muitas coisas novas começarão para o Cavalo no ano do Macaco, coisas apaixonantes, propícias a seu desenvolvimento econômico e a seu desenvolvimento mental.

A CABRA. Ano de ganâncias para a Cabra. Seu talento conspirador se verá posto em relevo e, se seu contexto moral se prestar a isso poderá ter demandas de espionagem vindas de horizontes opostos. Poderá ser agente duplo ou agente triplo no ano do Macaco e poderá encontrar trabalho de guarda-costas ou de guarda particular ou profissional. Não se sentirá muito vinculado ao que ocorre, o importante para ele será que ganhará dinheiro, muito dinheiro, inclusive até que toda essa fortuna lhe traga remorso. Sentir-se-á culpado, se sentirá traidor, mas se dirá que vive à custa de dinheiro e que é preciso que de algum modo participe da sociedade opulenta.

O MACACO. É natural que o ano do Macaco seja um ano feito na medida para o Macaco. Ele será o grande protagonista dos acontecimentos desse ano, será o encarregado de levar a imaginação ao poder porque para ele a imaginação está sempre no poder. O Macaco se sentirá plenamente compreendido nesse ano, não buscará outras satisfações senão as de ordem intelectual; será quem porá tudo em marcha, ainda que, talvez, no final se veja frustrado em sua vitória em proveito do Dragão que será o homem prático, o homem hábil, mas o Macaco não se terá em conta; o importante para ele é que seus projetos, suas previsões se tenham cumprido e todo o mundo lhe reconhecerá esse êxito, ainda que não ganhe dinheiro. Para o Macaco, ver-se compreendido e estimado é o Essencial.

O GALO. O galo será a grande vítima do ano do Macaco. O mundo com o qual se identifica se fundirá e não só isso, mas todas suas previsões irão juntas. Será o último da nova sociedade, e o Macaco e todos os que comungam com ele se rirão dos fracassos de suas previsões. Procure, pois, o Galo ser menos dogmático ante a proximidade do ano do Macaco; que admita que possa se equivocar, que possa errar, que prepare ele mesmo sua derrota, sobretudo, porque se tratará de uma derrota muito provisional. O Galo recuperará o prejuízo, mas deverá esperar o próximo ano para fazê-lo; que evite no ano do Macaco não fazer mais inimigos dos que ele já tem.

O CÃO. Os amigos do Cão estarão no poder no ano do Macaco e suas concepções originais se verão promovidas por eles. O Cão é muito independente, excessivamente independente, e no ano do Macaco deverá estar disposto a participar de uma equipe. Toda ação individual será condenada ao fracasso no ano do Macaco, já que serão seus amigos os que terão a chave do futuro, então, que se acerque a eles, que seja mais fraternal. Se o Cão conseguir se integrar, o ano do Macaco há de lhe aportar grandes coisas.

O JAVALI. O Javali tem demasiada vida interior para que as revoluções exteriores o afetem. O que ocorrer no ano do Macaco será para ele pura anedota, e ninguém recorrerá às suas intenções nem a seu talento. Será um ano em que viverá defasado, desconectado da gente que maneja os fios do mundo. Não obstante, desde o ponto de vista profissional, há de ser para ele um ano de oportunidades que talvez deixe passar porque interpretará mal o que se propôs. Fará mal em se isolar, porque, sendo um especialista da adaptação, em muitos poucos dias conseguirá dominar os acontecimentos.

O Galo

O Galo é um animal que nasceu velho. Se em seus primeiros sete anos de vida é uma criança travessa e normal, igual a todas, a partir do seu sétimo aniversário já se insinua nele o que há de ser sua vocação: o conhecimento dos recursos naturais e dos recursos humanos para computá-los na reta administração da sociedade.

Em sua infância, o Galo terá amigos de outra idade; se desinteressará dos jogos infantis para se recrear nas leituras, na meditação, na observação da natureza. Mais tarde, quando seu intelecto estiver mais formado, quererá saber o que há no fundo das coisas, no muito fundo, já que o Galo não alcança jamais as profundidades do inconsciente, senão nas raízes que sustentam uma sociedade.

Os Galos que nascem no seio de famílias afortunadas realizarão altos estudos, sobretudo, no campo jurídico, sem esquecer sua formação econômica, financeira e social. Não é que isso lhes seja fácil, já que o Galo é um animal que assimila com certa dificuldade, mas que põe grande tenacidade em suas empresas e acaba por compreender. Uma vez compreendido já não se esquece de nenhum detalhe, se sabe a lição e a recita ao longo de sua vida. Esses Galos encontrarão aberto o caminho da alta administração do Estado.

Os Galos que vêm ao mundo em famílias pobres possuem as mesmas predisposições mentais e se seus estudos não são tão ortodoxos como desejariam, acabam fazendo com eles bacharelado em horas noturnas, para iniciarem logo cursos de administração ou direção de empresas.

O Galo é o administrador inato. Lentamente, mas com segurança, ascenderá a todos os passos da administração pública ou privada. Seu profissionalismo é tão exacerbado, que frequentemente o Galo é um tipo unidimensional, que só vive por seu trabalho, identificado totalmente com o que ele considera mais do que um labor, uma missão. Daí, que seja o Galo um ser solitário, solteiro na maioria das vezes, divorciado outras, distante mental e emotivamente da família, quando a tem.

As ideias do Galo são frequentemente curtas; detêm-se no que aprendeu, seja muito ou pouco, e os Galos ilustrados falam como os manuais de economia ou direito em uso nas Faculdades. Sua visão da sociedade detém-se no exposto em tais manuais, desinteressando-se pelas teorias de vanguarda, enquanto não tenham sido aceitas pelos bem-pensantes e ortodoxos de todo pelo que pululam no domínio concreto da economia, do direito, das instituições sociais.

O Galo é em geral um ser pessimista, como pessimistas são os tratados que alimentam seu espírito: ao falar de temas nucleares será para dizer que tudo acabará em apocalipse mundial; ao falar de contaminação atmosférica será para citar estatísticas segundo as quais o mundo será inabitável no prazo de alguns anos; acerca de turismo será para indicar a contaminação do mar e o risco das correntes; acerca de demografia para registrar a quantidade de crianças que deverão ser mortas ao nascer, para que o mundo possa alimentar sua população.

Para esses problemas, o Galo não tem mais soluções, senão as que leu nos livros: sobre tratado de limitação de armamentos atômicos, de centrais informativas, de industrialização, de controle de nascimentos. O Galo não é homem de soluções revolucionárias nem de providências. Encontra-se muito ancorado no presente e completamente amputado de visão do futuro.

Como conhece a fundo seus dossiês e sabe do que fala, pensará que suas razões sejam superiores às dos seus interlocutores, que costumam falar por inspiração. E nos torneios dialéticos, o Galo facilmente acabará com eles, derramando-lhes montanhas de cifras, estatísticas, citações célebres, e nessas montanhas ficarão enterradas suas próprias ideias originais, se existiam em estado potencial e as de seu opositor.

Raras vezes o Galo conseguirá ser um personagem popular, porque seus discursos são autênticos jarros de água fria para o público que o ouve, mas sua voz será acolhida nas assembleias restritas, formadas por um público de iniciados. O Galo tem aspirações políticas e pode fazer carreira nesse domínio, mas serão requeridos seus serviços só quando for preciso emendar algo num sentido restrito. Então, o Galo adotará as medidas impopulares que seus demais colegas, mais atentos à reeleição do que a outra coisa, não quiserem adotar. Uma vez cumprido esse penoso dever, o Galo se verá apartado do poder e isso gerará nele grande ressentimento.

Seu mais alto posto encontrará o Galo como a eminência parda de um alto personagem, de um Dragão, por exemplo, que tem suas mesmas aspirações, mas com muitas possibilidades de realizá-las. O Dragão utilizará o saber do Galo e se este não conspirar contra aquele, por se crer o inspirador de sua política e estar farto do seu papel de postergado, a relação Dragão – Galo poderá durar muito tempo e ir muito longe.

O Galo é um animal destinado a enriquecer, mas o fará também lentamente. Na primeira metade de sua vida, as frustrações econômicas serão muito fortes. Sendo personagem da administração pública ou privada, sua sorte se verá associada à pujança dos seus protetores. Bastará uma troca de governo ou a mudança na presidência do conselho de administração para que se encontre parado.

E esse período forçoso pode ser mais ou menos longo, já que o Galo é animal de poucos amigos. Os que o apoiam não fazem por amizade, senão porque necessitam dos seus conhecimentos. Com o tempo, sua fama de conhecedor vai crescendo e o Galo não encontrará dificuldades em obter altos cargos, se é que ficará em algum deles. Então, o dinheiro vem de seus aliados, por sua obra e graça e o Galo, por pouco que sua moral seja flutuante e não tenha muitos escrúpulos, poderá acumular grandes somas, sobretudo, sendo naturalmente de origem pouco abastada; saberá poupar, pensando na velhice, período que ele vê chegar com o pessimismo habitual.

A vida amorosa do Galo é intensa, apesar das suas frustrações e será seguramente muito distinta ao se tratar de um Galo rico ou de um Galo pobre ao chegar à adolescência. O Galo tem cálidos sentimentos e se enamora romanticamente antes de chegar à puberdade. É o clássico colegial enamorado de sua professora. Seu amor é um amor impossível e, se esse amor primeiro chegasse a se concretizar, geraria dramas do tipo "Morrer de Amor".

Mas, esse amor de infância ou puberdade repercute de modo tão forte na vida do romântico Galo, que não consegue esquecê-lo e durante muitos anos o impedirá, talvez, de se acercar de um amor mais real, mais prático. Na segunda parte de sua vida, já rico e poderoso, tendo realizado algumas de suas ambições profissionais, o Galo pode se ver tentado à reedição desse amor da puberdade, buscando o homem ou a mulher que reúna as características daquele ou daquela que permaneceu na sua lembrança. Mas, então, o Galo encontrará tão só o homem ou a mulher que cede por interesse, porque se lhe oferece uma vida cômoda e sem problemas, enquanto que seu amor vai disparado noutra direção. O Galo rico, naturalmente, pode realizar bem mais suas aspirações sentimentais.

Os signos que se complementam com o seu são os do Búfalo e da Serpente. O Búfalo alimenta seu romantismo iniciante, enquanto que a Serpente oferece-lhe mais solidez, mas é um animal não muito alegre, como o próprio Galo, e a união de ambos constitui uma associação de tristezas não muito edificante.

Também pode encontrar afinidades interessantes no Javali, no Tigre, no Dragão e na Cabra. Mas finalmente, será o Coelho o animal que mais probabilidade tem de estabelecer uma união duradoura com o Galo. Seu caráter e seu temperamento encontram-se em total oposição, mas o Coelho aportará um pouco de transcendência, um pouco de frivolidade ao austero Galo, que necessita deles como o pão que come.

Os signos incompatíveis com o Galo são os do Rato e do Cavalo. O Rato apanha-o quieto e é capaz de tornar neurótico o Galo. O Cavalo enerva-o igualmente com seus prenúncios e pavoneio.

Os três períodos favoráveis para o Galo situam-se entre os 7 e 14 anos, entre os 35 e 42 anos e entre os 63 e os 70 anos. Os períodos desfavoráveis situam-se entre 1 e 7 anos, entre os 21 e os 28 anos e entre os 42 e os 49 anos.

Os signos do zodíaco solar que mais fielmente expressam o destino dos Galos são os de Touro, Virgem ou Capricórnio. Vivem, igualmente, as virtudes do signo, ainda que em tom menor, os nascidos em Peixes, Gêmeos, Leão e Escorpião. Em troca, os nascidos em Áries, Câncer e Libra não se parecem ao Galo senão remotamente, ainda tendo nascido em seu ano.

Os Galos vêm ao mundo para expressar a solidez do que existe. São como uma rocha sobre a qual se pode edificar com firmeza o edifício humano.

O *ano do Galo (nascidos em):*

- 1909 de 22 de janeiro a 10 de fevereiro de 1910.
- 1921 de 8 de fevereiro a 28 de janeiro de 1922.
- 1933 de 26 de janeiro a 14 de fevereiro de 1934.
- 1945 de 13 de fevereiro a 2 de fevereiro de 1946.
- 1957 de 31 de janeiro a 16 de fevereiro de 1958.
- 1969 de 17 de fevereiro a 6 de fevereiro de 1970.[10]

A Direita civilizada voltará ao poder no ano do Galo. Os grandes administradores de Estado começarão a se dar conta das perdas havidas no ano do Macaco e dirão em seus discursos que é preciso voltar à sensatez. O ano do Galo será um ano de sensatez, de muita sensatez. As tradições serão retomadas e é possível que em algum lugar do mundo uma ditadura faça cair a ideologia de hippies equivocados. Não é um bom ano para abrigar ilusões: é ano de contadores, de administradores, de inspetores e subinspetores. Será um ano de velhos, de tendências antigas, de ancestralidade. Tudo que parece vir de outra época será bem acolhido pelo povo. A moda "retrô" se implantará, e as estrelas de outra época voltarão a ter fãs.

O mundo inteiro reagirá contra os jovens, se não for de modo declarado, será de forma implícita, favorecendo as organizações de velhos, os antigos alunos, os antigos combatentes. Tudo o que é antigo voltará à atualidade. Será um ano em que se farão coisas voltadas ao idoso. Bom ano para os aposentados, os pensionistas; se falará de previsão de seguros e de resseguros e o ideal de todos será estar bem assegurado. Mal ano para os ufólogos, para os videntes, para os futurólogos, para os astrólogos. O empirismo dominará tudo e os parapsicólogos se verão mergulhados no fracasso.

---

10 *O ano do Galo retorna cada 12 anos.*

Bom ano para a melancolia, para a evocação do passado, para todo o "resto". Governarão os conservadores, os tradicionalistas, e na hora do balanço final haverá mais pranto do que riso.

Como será o ano do Galo
para os nascidos sob os distintos signos

O RATO. Como se produzirão mudanças a respeito do ano anterior, o Rato encontrará algum osso que roer no ano do Galo, ainda que é bem sabido que a este animal não lhe agradem os ossos. Ao Rato não agrada o universo do Galo, um universo que lhe parece pobre, desenganado, sem esperança. Mas, o Rato fará seu ofício e encontrará seu norte.

O BÚFALO. O Búfalo se sentirá em seu ambiente no ano do Galo: encontrará facilmente protetores, sobretudo se for um Búfalo de certa idade à Marlene Dietrich, já que verá despertar a recordação dos seus velhos fãs, que voltarão a lhe solicitar, seja qual for sua situação na vida, e seu sexo. Será para ele um ano de encontros com pessoas de outra época, pessoas que já havia esquecido e com as quais pode voltar a viver um romance ou uma aventura intelectual. O Búfalo estará sensacionalmente vestido ao estilo "retrô", sobretudo o búfalo feminino. Será para ele um ano de viagens e um ano de conquistas.

O TIGRE. O Tigre é um animal que puxa para a Esquerda, e o imobilismo do ano do Galo o porá fora dos eixos. O Tigre participou muito ativamente do ano do Macaco, e nesse momento se sentirá algo comprometido. É possível que deva se ocultar ou que deva ocultar algo em sua vida. Poderá ser um amor, um amor com uma pessoa comprometida, uma pessoa ligada de um modo ou de outro ao Galo ou à poderosa organização que representa.

O COELHO. O Coelho se verá sob a tutela do Galo. Este animal se imporá com força em sua vida, e o Coelho se sentirá prisioneiro da engrenagem. O Galo o dominará cheio de boas intenções, e quanto mais faça para comprazê-lo, mais desdenhoso se mostrará o Coelho. Pode inclusive ser ano de alianças interessantes para o Coelho, mas alianças que serão obra da vontade do Galo. Viverá acomodado num contexto social, se não hostil, pelo menos estranho à sua maneira de ser.

O DRAGÃO. Não é que desagrade ao Dragão o que ocorre no ano do Coelho, mais experiente na vida pública e na vida familiar. O Dragão se convencerá de que aquilo não vai durar muito e fugirá de qualquer responsabilidade. Se, pelo contrário, as aceitar, o Dragão estará dizendo a si mesmo que fez mal, que se produzirá uma reviravolta e ele se encontrará entre os perdedores. De uma maneira ou de outra, o Dragão se sentirá insatisfeito e angustiado no ano do Galo.

A SERPENTE. Ama o antigo, e no ano do Galo encontrará ocasiões abundantes para fazer funcionar a sentimentalidade. Se é jovem, encontrará essa pessoa de idade superior que a elevará no plano sentimental. Se se trata de uma Serpente velha e que permaneceu solteira, no ano do Galo encontrará o amor, em última oportunidade, num momento de sua vida que já não o esperava. Não será uma aventura amorosa, mas um amor para toda a vida.

O CAVALO. No ano do Galo, o Cavalo encontrará certas dificuldades em seu lar. É possível que tenha problemas com uma pessoa de certa idade devido à falta de saúde ou ao seu mau caráter. Encontrar-se-á também intimamente insatisfeito. O Cavalo viverá um dos seus famosos complexos de superioridade que de vez em quando o assaltam e se dirá que não o estimam pelo que vale, que não recebe as compensações a que teria direito. Seu foro íntimo se encontrará em plena efervescência, e em qualquer momento poderá explodir o Cavalo.

A CABRA. O Galo e a Cabra são grandes amigos e é possível que nesse ano goze de favores especiais. Certamente isso o atormentará; estará se perguntando se deveria ou não deveria aceitar, se tem direito a recusar uma posição importante e lucrativa, quando sua família passa necessidades, por exemplo. E concluirá logo que antes da família está sua honra e sua dignidade humana. Falará muito de direitos humanos se for solicitada no ano do Galo, não estará conforme o papel que tem que representar.

O MACACO. No ano do Galo, o Macaco verá como se lhe escapa sua renovação. Nem tudo será negativo para ele, já que havendo exercido um papel importante no ano anterior, os detentores do poder no ano do Galo lhe oferecerão compensações econômicas, sem dúvida, para obter o seu silêncio. Como o Macaco é um filósofo, aceitará os trabalhos que se lhe proponham, esperando que as coisas mudem. Ele sabe que a sociedade avança às sacudidas, que se dá um passo para trás para poder saltar melhor adiante, e que no ano do Galo este é o passo para trás que permitirá novo avanço. É muito difícil tirar do Macaco o seu otimismo e a sua alegria de viver.

O GALO. O Galo se sentirá justificado no ano do Galo. Já havia previsto que as coisas terminariam assim e são realmente assim, tanto em nível familiar, quanto em nível social. Se é pai de família, verá como sua razão se impôs ante a de seus filhos ou a do seu cônjuge. Já é o suficiente para se valorizar ante seus olhos. Por outra parte, suas qualidades profissionais se verão solicitadas. Haverá grande demanda de Galo no ano do Galo e se incumbirá facilmente sem que tenha que partilhar com ninguém o seu triunfo. Será um dos anos mais importantes de sua vida, em que todas as coisas se canalizarão a seu favor.

O CÃO. O Cão deveria passar por psicanálise no ano do Galo. Seu inconsciente gritará muito forte, e o Cão se tornará facilmente neurótico porque quererá realizar coisas que estão atreladas ao seu destino. Farto de se ver marginalizado, o Cão terá a tentação de obedecer às suas vozes que o chamam para a integração, para o bom caminho, para o convencionalismo dos seus maiores, de que jamais deveria ter saído. O Cão perderá seu norte no ano do Galo e não será mais do que um Cão angustiado.

O JAVALI. O javali tem muitos amigos poderosos, amigos que não costuma utilizar, mas no ano do Galo, esses amigos estarão em destaque e dispostos a lhe dar a mão. Que busque pois essa ajuda, ainda que não seja partidário de tais arranjos. Ele mesmo terá feito favores a esses amigos em outras ocasiões, e no justo retorno das coisas é natural que sejam eles os que agora o livrem de apuros, porque na vida do Javali sempre há algum apuro a resolver. Será um bom ano para a realização de suas ambições.

O Cão

O cão é o menos acomodado dos animais do Zodíaco Chinês. Se o Galo é o administrador inato, o Cão é o conspirador inato. O Cão sente que sua vida é apertada dentro das estruturas e fará todo o possível para modificá-las, não por expresso desígnio de sua vontade, mas como manifestação do seu caráter, do seu temperamento, de seu modo profundo de ser. O Cão é um conspirador sem necessidade de pertencer a qualquer grupo social, a nenhum partido, a nenhuma organização terrorista.

Conspira contra tudo e contra todos; contra os horários e o expressa chegando tarde aos compromissos, às refeições familiares, deitando-se e levantando-se a horas intempestivas. O Cão vai sempre sentado no metrô ou o ônibus, porque quando os outros vêm, ele vai. Que não se busque o Cão em horários pontuais nem nos lugares onde costuma coincidir concentrações humanas. O Cão é minoritário em tudo e se está afiliado a um clube ou é fã de algum ídolo, ele se encarregará das funções críticas.

O Cão veio ao mundo para expressar o desentendimento e para obrigar os que se autoconcedem o Macacopólio da razão a reconsiderar a si mesmos. Se o Cão não existisse, o mundo, a sociedade, se desenvolveria em círculo fechado, em permanente repetição das mesmas fórmulas, dos mesmos clichês. O Cão com suas interferências dá a possibilidade de que exista uma evolução.

A postura do Cão, sempre em vanguarda, é a de um sacrificado. É o promotor de coisas novas, o que acende a mecha, o que levanta barricadas, não porque seja um doutrinário nem aspire a uma liderança, senão porque, em temperamento, é assim. Se sua ação triunfa, o Cão verá como outros chegam para ocupar seus postos vazios, enquanto que ele, como esses heróis dos seriados da televisão americana, deverá, no final do episódio, encarregar-se de eliminar o que não é importante e ir mais além, sempre mais além, até nova fronteira humana.

Viver na nova fronteira é seu destino, é sua missão na vida. Se o Cão alcançar certo nível de evolução, será um extraordinário portador de valores novos, um gerador de nova consciência social, e o contato com as demais pessoas ou com as identidades das quais participa será extremamente enriquecedor.

O Cão não evoluído é um mero perturbador dos bons costumes, dos horários, é um desintegrador dos princípios, das convenções, dos convencionalismos e normas sobre os que se assenta a sociedade, sem que em troca aporte sistema ou ideia alguma que os substitua. Mas tanto num caso quanto em outro, o Cão, pela má consciência que provoca no próximo, atua como um repulsivo, contra o conforto e os costumes espirituais em que se comprazem os bem-pensantes.

Uma das grandes virtudes do Cão, seja qual for seu nível evolutivo, é o da fidelidade aos seus amigos e o da gratidão aos seus protetores ou pessoa que lhe tenha feito favores. O Cão é agradecido, e quaisquer que sejam as diferenças nos respectivos modos de ser, a amizade contará mais; mais inclusive que o amor, já que sentimentalmente falando, o Cão é pouco fiel.

Essa amizade nunca é passiva, e na aliança com seus amigos o Cão fará grandes coisas. Seus amigos dão grandiosidade e nobreza aos impulsos do Cão e graças a eles o Cão dispõe de poder. Algo assim ocorreu com Rasputin, o frade russo, nascido no ano do Cão, quem foi praticamente o amo da Rússia, graças à Zarina, até seu assassinato. Quanto à sua vida econômica, o Cão depende de certo modo dos demais. Se estiver intelectualmente dotado e se no seu horóscopo solar houver indícios de sentido prático, o Cão pode se tornar famoso com seus inventos, seus descobrimentos ou sua atividade artística. Então, os "demais" serão os consumidores, os leitores, o público que o admira, e em tal caso perceberá grandes somas a título de direitos de autor. Este é o caso de Brigitte Bardot, por exemplo, um dos Cães mais célebres das décadas de 50 e 60.

Ocorre, porém, frequentemente que o Cão tem pouco sentido prático, que seu talento inventivo encontra-se projetado para o futuro, e em tal caso o Cão viverá mal porque não se adaptará ao trabalho organizado nem ao horário da sociedade industrial. Preferirá viver a seu modo, renunciando a todo conforto, se preciso for, tornando-se hippie ou mendigo, contanto que escape à engrenagem. Então, sua economia dependerá da boa vontade dos demais, contudo o Cão possui o raro dom de encontrar um mecenas e graças a ele poderá conseguir ser até um homem de dinheiro.

Esse mecenas é, às vezes, o cônjuge, tanto se trate de Cão feminino quanto masculino. Graças ao trabalho ou à boa fortuna do cônjuge, o Cão pode se permitir não fazer nada, limitando sua atividade à mental, imaginando mundos melhores e criticando a vida organizada da sociedade atual, incluindo em suas críticas o próprio cônjuge que o leva nos ombros.

Os Cães inferiores podem se converter em autênticas parasitas de luxo, ocorrentes, engenhosos, acervos em suas críticas, mas totalmente ineficazes e desqualificados para qualquer atividade criadora.

O Cão é sempre um animal da Esquerda e manifestará suas inquietações sem ambiguidade, quer seja através dos seus pensamentos ou dos seus sentimentos. Bertold Bretch, nascido sob esse signo, ilustra o esquerdismo intelectual; Brigitte Bardot, em troca, ilustrará o esquerdismo sentimental.

Falamos do Cão-líder ou vedete e do Cão-hippie, "clochard". Entre ambos está o Cão médio, o que não está de acordo com a organização social, mas que, não obstante, pactua com ela, porque de algum modo há de viver. Esse Cão alcançará postos diretivos, não sem dificuldade, não sem luta; mas, sendo um grande lutador, com sacrifício se abrirá marcando passo e será sempre esse direcionado incômodo que defenderá seus camaradas com tenacidade heroica.

O Cão é animal de grande capacidade amorosa, mas como dissemos, não costuma ser fiel. Ama com ferocidade, como um autêntico Tigre, mas suas paixões não conseguem jamais nublar sua razão e contempla seus objetos amorosos desde certa altura, desde uma distância muito brechtiana. Assim, chega fatalmente um momento em que seu amor se desfaz e o Cão pode dizer, como Brigitte Bardot, "chéri, je t'aime plus". Mas o que mais contribui ao declive de um amor é o nascimento de um novo.

O Cão chama a isso, "honestidade sentimental", mas se trata antes de uma incapacidade congênita, uma inaptidão radical ao amor profundo.

Os signos que bem mais se completam com o Cão são os do Tigre e do Cavalo. O Tigre será o que trará mais emoção; além de que sua vida é uma aventura permanente, e o Cão confundirá seu interesse por essa aventura com o amor mesmo e dessa forma seu afeto será mais duradouro. Mas, como o Cão paradoxalmente sonha com um lar confortável e bem organizado, coisa que o Tigre não pode lhe oferecer, esse amor acabará igualmente como os de Brigitte Bardot.

O Cavalo seduzirá o Cão pela vertente intelectual. O Cão é um admirador do Cavalo, um de seus fãs, mas o respeito que sente por ele o impedirá de se acercar, sentimentalmente falando, e ambos manterão uma prudente distância, numa relação aluno-professor.

Também se complementa com o Rato, o Coelho, a Serpente e o Macaco. Este último será o grande amigo e confidente do Cão, e sua amizade durará toda a vida. Mas com quem finalmente se casará o Cão? É com o Dragão, a quem inveja secretamente porque possui o poder com que o Cão sonha e raras vezes alcança. Ao se unir ao Dragão, o Cão entrará de algum modo no jogo da sociedade e disporá de uma parte do seu poder a título de cônjuge. Dessa forma poderá arremeter contra o instituído e possuir, ao mesmo tempo, as vantagens dessa posição.

O Búfalo e a Cabra são os dois animais incompatíveis com o Cão, e seu matrimônio conduz a uma rápida dissolução. O Búfalo aspira a uma segurança que o Cão não pode lhe dar, e a Cabra é uma lutadora como ele, mas uma lutadora dentro do sistema, para se fazer com o mando e o domínio da engrenagem.

Os três períodos favoráveis na vida do Cão situam-se entre os 14 e os 21 anos; entre os 42 e os 49 anos e os 70 e os 77 anos. Os períodos desfavoráveis situam-se: entre os 7 e os 14 anos; entre os 28 e os 35 anos e entre os 49 e os 56 anos.

Os Cães mais autênticos são os nascidos sob os signos de Gêmeos, Libra e Aquário. Respondem também muito adequadamente à descrição feita os nascidos sob os signos de Áries, Câncer, Virgem e Sagitário. Em troca, os nascidos em Touro, Leão e Escorpião são Cães difíceis de reconhecer e expressam mal as características do signo.

Todos, em algum de nós mesmos, trazemos esse Cão do Zodíaco Chinês, que nos impele a uma fronteira humana. É muito importante que conheçamos os seus ladridos.

O *ano do Cão (nascidos em):*

- 1910 de 10 de fevereiro a 20 de janeiro de 1911
- 1922 de 28 de janeiro a 16 de fevereiro de 1923
- 1934 de 14 de fevereiro a 4 de fevereiro de 1935
- 1946 de 2 de fevereiro a 22 de janeiro de 1947
- 1958 de 14 de fevereiro a 8 de fevereiro de 1959
- 1970 de 17 de fevereiro a 27 de janeiro de 1971.[11]

No ano do Cão as estruturas oscilarão, os mais firmes edifícios da sociedade constituída se encontrarão em perigo iminente. A voz dos comentários aumentará em volume, e os tradicionalistas terão que se proteger.

O mundo marchará para o novo a grandes passadas, até o audaz, até o imprevisto. Surgirão novas técnicas, novos sistemas e a qualidade de vida se encontrará profundamente modificada. Será um ano de fraternidade, em que se derrubarão os egoísmos e grande esperança surgirá em todos os corações. Os que trabalham na vanguarda se verão favorecidos em suas atividades. Todo o ultramoderno seduzirá e se vislumbrará claramente o que pode ser um mundo novo.

Poderá ser um ano de terremotos para os lugares onde se negam a evoluir e que só desta forma poderão fazê-lo. Mas será, sobretudo, um ano de abalos no sentido moral e intelectual. Profundos abalos desarraigarão as ideias entronizadas, e a moral antiga ficará muito velha. Será um ano propício à juventude, pelo menos a certa juventude. E os que estiverem conectados com o futuro encontrarão nesse ano seu período triunfante.

---

11 *O ano do cão retorna a cada 12 anos.*

Como será o ano do Cão
para os nascidos nos distintos signos

O RATO. Será um ano de grandes amigos para o Rato, amigos que lhe surgirão de todas as partes, como de um formigueiro. Jamais se terá visto tão atarefado este Rato que esteve descansando no ano do Galo e que, então, se encontrará novamente num mundo propício ao desenvolvimento de suas potencialidades. Os padrinhos que surgirão no ano do Cão permitirão estabilidade ao Rato.

O BÚFALO. Ano desfavorável para o Búfalo, pois as mudanças não vão com sua natureza e menos as sacudidas que existirão no ano do Cão. O Búfalo necessita sempre um tempo para se adaptar. E é possível que não tenha conseguido a plena adaptação até acabar o ano, quando precisamente novas tendências virão à luz, e o Búfalo já não teria necessidade de se adaptar. Há de surgir muitas oportunidades no plano profissional, mas é possível que o Búfalo não as aproveite, porque prefere sempre conservar o antigo a dar o salto para o novo e inexistente.

O TIGRE. Não engordará no ano do Cão, não porque passe fome, senão porque se moverá muito. Será um ano de viagens para ele e um ano de evolução de suas ideias. Jamais se mostrará tão profundo como no ano do Cão. Seus próprios amigos não o conhecerão já que haverá deixado de ser esse ser superficial, esse playboy, para se converter em um homem profundo, coisa que não há de durar, porque sua natureza, sua verdadeira natureza, recobrará seus direitos ao término deste ano.

O COELHO. O Coelho encontrará as circunstâncias propícias ao seu enriquecimento no ano do Cão. Seduzirá por sua fantasia e lhe oferecerão postos em sociedades e organizações onde se lhe pagará somente por figurar. Ao Coelho convém as alianças no ano do Cão, alianças inclusive de tipo sentimental ou de tipo matrimonial. Por outra parte, se existem no Coelho indícios de espiritualidade, ela se desenvolverá no ano do Cão. O Coelho pode se converter num grande místico, inclusive num visionário que anuncie o futuro.

O DRAGÃO. O Dragão não encontrará seu lugar ou o encontrará dificilmente no ano do Cão. O Dragão participa sempre dos que estão acima, e os abalos do ano do Cão, em nível político ou em nível familiar, não podem ter outro efeito senão derrubá-lo. O Dragão deverá renunciar a certos privilégios e deverá buscar em seus aliados o apoio necessário para seguir subsistindo enquanto Dragão. O ideal seria que se transformasse em Cão, mas o Dragão não é hábil neste gênero de transformações, apesar de ser um consumado ator.

A SERPENTE. Ano de trabalho para a Serpente. Seus conhecimentos serão solicitados, mas não lhe serão concedidas as honras. A Serpente já está intimamente acostumada a trabalhar sem que lhe paguem. Não a surpreenderá enormemente o que vier a lhe ocorrer no ano do Cão. O importante para a Serpente é ser útil, que seus serviços sejam aceitos. E no ano do Cão há de ser um animal de grande utilidade.

O CAVALO. O Cavalo relinchará de alegria no ano do Cão e seu pelo jamais se fará visto tão brilhante como nesse ano. É que a ele se confiará a tarefa de organizar a nova sociedade. E se ninguém se lhe confiar, ele mesmo se investirá de poderes para realizar a grande obra. Por outro lado, o Cavalo se enamorará feito um colegial; no ano do Cão e entre seus amores e sua missão o Cavalo irá surpreender neste ano.

A CABRA. Para a Cabra, o ano do Cão será um ano de ajustes e reajustes familiares. Sua família sempre está se desintegrando e deve reintegrá-la mais uma vez. E no ano do Cão essa ruptura poderá ter caráter irreversível. Evitar um cataclismo familiar deve ser a tarefa essencial a que deverá se consagrar a Cabra no ano do Cão.

O MACACO. Para o Macaco, o ano do Cão será um ano de grandes e importantes novidades. Apesar de estar ganhando muito dinheiro, terá a necessidade espiritual de mudar de ambiente, de buscar algo mais, de acordo com sua vocação. E o Macaco encontrará facilmente o que busca. E inclusive encontrará em partes, dupla ou triplo, já que se produzirá uma emanação constante para o Macaco. Encontrar-se-á plenamente no auge, fazendo parte dessa espuma que há de deixar sobre as praias do mundo num universo novo.

O GALO. O Galo será o grande perdedor neste ano, no plano moral, já que o universo que representa cairá. Em troca, surgirão para ele enormes vantagens materiais. Provavelmente, o Galo se indenizará pelo que perdeu, e esse dinheiro lhe permitirá ganhar mais dinheiro, já que a nova sociedade necessitará de novos administradores, e o Galo poderá prestar seus eminentes serviços.

O CÃO. O ano do Cão será um ano de euforia para os Cães. Eles serão os condutores do movimento que há de instaurar uma sociedade nova. Os Cães devem se armar de ambição para tirar o máximo proveito dessas circunstâncias propícias. Um Cão sem ambição não valerá um centavo no ano do Cão. Esse pode ser o começo de um período fabuloso para todos os Cães.

O JAVALI. O inconsciente do Javali se verá muito promovido no ano do Cão e realizará coisas que não são próprias dele. Como sua faculdade transformadora é muito grande, o Javali se sentirá Cão no ano do Cão e atuará como se fosse esse animal. Será para ele um ano de inimigos, pois muitas pessoas virão perturbar sua tranquilidade, ainda que não seja fácil turvar a tranquilidade do Javali. Será um ano, em suma, em que não dominará as coisas, e o melhor que poderá fazer o Javali será passar despercebido no ano do Cão. Que permaneça em seu curral e que saia unicamente quando for chamado.

O Javali

O Javali, assim também o Cão, é um animal que vive fora das estruturas sociais. Mas o Cão sofre dessa marginalização e trata de lutar para criar novo mundo propício, mas o Javali não. O Javali encontra-se muito mais além do Cão e das coisas do mundo. Da gente, da sociedade não lhe concerne nem lhe importa, nem busca uma vida mais digna. O Javali é um animal não comprometido com nada nem com ninguém.

Esse distanciamento consentido fará do Javali um exemplar humano feliz. Não sente a mesma necessidade do Cão, de se fazer "hippie", de se singularizar no traje como forma de protesto, de modo a dizer: "Veja o que fez de mim." Não, o Javali levará uma vida normal e saberá levar a corrente a seus interlocutores com tanta naturalidade, que todos dirão dele: "Que cavalheiresco é, que galante, que educado, que correto, que íntegro." Na realidade o Javali enganará a todos; ele está mais além de qualquer qualificativo e todos encontrarão em sua figura humana o que cada um põe nela. Como não se trata de contradizer alguém, todos dizem "é como eu" e dessa forma o Javali é bem recebido em qualquer parte, e agrada a todos ver seu rosto sorridente e acolhedor.

Dizemos: "o Javali engana a todos", na realidade o termo enganar é incorreto. Não há no Javali nenhuma intenção, não finge, não espera obter algo em troca de se declarar de acordo com seu interlocutor. É simplesmente sua natureza que se expressa dessa forma. O mundo tal como é lhe concerne pouco, e o problema que delineia o outro deixa-o totalmente indiferente. Em lugar de mostrar essa indiferença, melhor dizer-lhe que sim, que está certo e todos contentes.

Claro que o Javali se encontra, às vezes, em apuros, por não cumprir com suas responsabilidades, deparando-se com interlocutores obstinados que se empenham em levá-lo a um negócio, a uma associação, a um clube, a um lugar concreto. Então, o Javali se vê obrigado a remover sua famosa cortina de fumaça, a não estar quando o chamam, a chegar tarde, atrasadíssimo a um encontro, a alegar um compromisso inadiável. Nunca dirá claramente que não, e é provável que seu interlocutor acabe sem alento nessa carreira e desista do seu propósito. A inventiva do Javali é infinita e sempre plausível, para evitar aquilo que queiram que faça e que ele não quer fazer.

Como em todos os signos, temos a figura do Javali superior, evoluído, e a figura do inferior. O Javali superior é um exemplar humano situado muito acima do nível comum, tanto que são muito poucos os indivíduos que alcançaram esse cimo. Tem um conhecimento perfeito das leis do mundo e está em contato com as leis de energia primordial. É um líder espiritual de primeira magnitude, a quem foi dada a missão de instruir seus semelhantes. Sem interferir com as normas da sociedade em que vive, respeitoso com as leis e os regulamentos, esse ser superior realizará sua missão. Os que aspiram a seus sublimes ensinamentos já o encontrarão sem necessidade de anúncios nem de reclames, e ele lhes ensinará a verdade.

O tipo inferior, o mais abundante, é o que descrevemos anteriormente. Sem se comprometer com nada, gozará das boas coisas que lhe oferece a organização social: será um bom degustador de vinhos, um expert nas artes culinárias, um sibarita e um sensual que aceitará parte do prazer que lhe oferece a vida, mas que se omitirá quando tiver que assumir suas responsabilidades.

Como o ideal do signo é de tipo muito elevado, esse Javali inferior irá sentir o apelo da vida superior e, pouco a pouco, irá refinando sua natureza apaixonada. O mistério da morte será uma realidade tão presente como a mesma vida, e alguns a resolverão seguindo o caminho da fé, pelas vias do sacerdócio e do convento. Outros seguirão a via do conhecimento, perseverando em seus esforços para se liberar da sua natureza inferior; podem encontrar esse sábio instrutor a que nos referimos antes.

Na vida profissional, assim também nos demais assuntos humanos, o Javali deixa-se levar pela corrente. É o que as circunstâncias fazem dele, não luta porque não deseja nada com a força suficiente, e, desse modo, sempre há alguém que passe antes dele. Identifica-se tanto com a Natureza dos demais que muitas vezes prefere o triunfo de seus adversários antes que o seu próprio. Não é um animal de oposições ou de concurso: nele é sempre perdedor. Sua via pessoal é quase sempre uma via única, quer dizer, trata-se de fazer algo que só ele pode fazer por sua forma peculiar de ser ou pelos conhecimentos que possui. Sua posição será pois, muito distinta, conforme se trate de alguém culto, preparado ou de uma pessoa que não tenha nenhuma formação. Contudo, tanto num caso quanto em outro, o Javali é um animal de ofícios múltiplos, que ganhará dinheiro, por sua vez.

O dinheiro não lhe há de faltar ao longo de sua vida, salvo se em seu horóscopo solar haja posições planetárias indicando o contrário. Se passar por momentos difíceis, se tratará só de uma temporada, mais ou menos longa, e o Javali acabará se refazendo.

Inclusive, em seus momentos difíceis, o Javali não naufragará jamais, porque a Providência vela por ele e não permitirá que se afunde definitivamente.

O Javali pode ganhar muito dinheiro, mas será à força de trabalho e dedicação. Não é animal de necessidades, mas é certo que o Javali inferior tem muitos vícios, sua satisfação lhe custará um mínimo, porque entre um uísque e um vinho, o Javali preferirá sempre o vinho e assim em tudo o mais. Por isso que sua aparência exterior, no geral, não é muito brilhante. A mulher Javali gasta pouco dinheiro em produtos de beleza e é impermeável à publicidade.

Entretanto, liberal com seu dinheiro, o terá à disposição de quem o necessite: a família, os amigos, e o que sobrar gastará em livros, sejam tratados de filosofia transcendental ou simples novelas policiais ou eróticas, posto que o erotismo é o Calcanhar de Aquiles dos Javalis.

A vida sentimental do Javali é muito difusa. Carece de grandes amores, mas tem infinitos "amorzinhos". É capaz de amar qualquer exemplar do sexo contrário que se lhe apresente e de chegar a relações íntimas num abrir e fechar de olhos. Mas é difícil, muito difícil impactar o Javali e convertê-lo num animal submisso. Sua ternura é só uma forma; é amável com suas conquistas do mesmo jeito que é amável com todo o mundo, mas não se sente identificado com elas. Não é que pretenda iludi-las: simplesmente, não necessita de sua presença. O Javali é o mais livre dos animais do Zodíaco Chinês; em seu foro íntimo sente-se feliz, e em todo vínculo, por ligeiro que seja, hipoteca em certo modo essa liberdade.

Os Javalis femininos não têm predisposições especiais para a vida doméstica: seu lugar é o mundo, e costumam mudar de casa como mudam de blusa.

Os signos com os quais mais se entende o Javali são a Cabra e o Coelho. Sente-se bem com eles, sente-se à vontade, sem que se possa dizer que lhe tragam algo especial. O Javali funciona mais com ideias e sentimentos, com intuições e sensibilidade. A Cabra e o Coelho sugerem-lhe, fazem-no viver em estado de plenitude.

No Galo encontrará um amigo e um protetor, um pouco triste, não muito exigente, mas como o Javali se amolda em seguida ao modo de ser do outro, se fará lastimoso e sóbrio para que seu amigo não tenha queixa dele. Com o Búfalo, o Javali se mostrará frívolo e ocorrente e juntos experimentarão, um a um, os mil prazeres da vida. O Dragão e o Cavalo também possuem uma personalidade penetrável para a sensibilidade do Javali.

Mas, enfim, é a Serpente a que, sem dúvida, acabará comprometendo o Javali de modo irremediável. Tudo o que o Javali tem de difuso e abstrato, tem-no a Serpente de concreto e concentrado. As qualidades da Serpente vêm-lhe em forma de um anel ao dedo, e graças a ela o Javali terá um objetivo, uma meta a alcançar.

Os signos incompatíveis com o Javali são o Tigre e o Macaco. Somente os dois é que podem desmistificar o Javali, apanhá-lo no seu jogo, denunciar sua comédia humana, e o Javali se sentirá despido ante eles como se acabasse de nascer.

Os três períodos favoráveis na vida do Javali situam-se entre os 21 e os 28 anos, entre os 49 e os 56 anos e entre os 77 e os 84 anos.

Os três períodos desfavoráveis: entre os 14 e os 21 anos, entre os 35 e os 42; entre os 56 e os 63.

Os signos do Zodíaco solar que mais fielmente se submetem à figura topológica do Javali são os de Câncer, Escorpião e Peixes. Não desentoam tão pouco, ainda em tom menor, os signos de Touro, Leão, Libra e Capricórnio. Em troca, ficam muito longe do autêntico Javali os signos de Gêmeos, Virgem e Sagitário.

O signo do Javali tende a expressar a suprema liberdade a que um dia plenamente alcançará a humanidade, desligada de toda anedota, de todo condicionamento, de todo prejuízo, vivendo de frente um mais além transcendental.

O *ano do Javali*

- 1911 de30 de janeiro a 18 de fevereiro de 1912.
- 1923 de 16 de fevereiro a 5 de fevereiro de 1924.
- 1935 de 4 de fevereiro a 24 de janeiro de 1936.
- 1947 de 22 de janeiro a 10 de fevereiro de 1948.
- 1959 de 8 de fevereiro a 28 de janeiro de 1960.
- 1971 de 27 de janeiro a 14 de fevereiro de 1972.[12]

O ano do Javali há de ser um ano de grandes cerimoniais, em primeiro lugar, os religiosos. A igreja recuperará seu fausto de então e organizará procissões, via-crúcis, missas solenes, desencadeando um fantástico ritual. A tradição voltará a galope no ano do Javali. Mas se tratará de uma tradição viva. Costumes e modos de vida antigos voltarão à superfície e recobrarão sua vigência. Comunidades hippies e outras classes de comunidades surgirão por todas as partes. A célula familiar explodirá ampliando-se, e a humanidade sentirá a necessidade espiritual de se instituir em tribos. A fé será viva no ano do Javali, fé na divindade, mas fé também no homem, em si mesmo, nas possibilidades da sociedade, fé no porvir e no passado. Mas, além da fé haverá profunda sede de conhecimento, e veremos surgir por todas as partes mestres espirituais e gurus, com a missão de dar ao mundo nova consciência.

---

12 *O ano do Javali retorna a cada doze anos.*

Como será o ano do Javali para os nascidos sob os distintos signos:

O RATO. No ano do Javali, para o Rato ocorrerá algo assim como se o telhado se deslocasse e caísse sobre sua cabeça. Não compreenderá o que está ocorrendo, não terá consciência clara das coisas e seu primeiro impulso será o de fugir. O Rato estará fugindo de algo no ano do Javali, fugindo do próprio mundo como se fosse se extinguir e é que, na realidade, certo mundo desaparecerá no ano do Javali, o mundo precisamente que era familiar ao Rato.

O BÚFALO. O Búfalo sentirá necessidade de transcendência no ano do Javali, necessidade de abandonar um pouco o conforto material para se elevar aos mais altos cumes. É difícil que o Búfalo se mova porque se sente perfeitamente integrado ao seu universo. Mas, no ano do Javali ouvirá algo assim como as trombetas de Jericó, que lhe anunciam a próxima queda das muralhas que fazem parte precisamente da sua mansão. Ano de progresso e de grandes amizades para o Búfalo.

O TIGRE. O Tigre não encontrará sua zona neutra no ano do Javali. O espiritualismo que reinará por todas as partes lhe parecerá transnoitado. E pouco faltará para que trate de farsantes os mestres que aparecerão. Não faltará razão ao Tigre, porque haverá sua parte de farsa no ano do Javali. Mas, se equivocará nas tendências profundas desse período, porque o Tigre não entende nada em profundidade.

O COELHO. Grande ano para o Coelho, o ano do Javali. Despreguiçar-se-á, arrancará as unhas, para uma longa, longuíssima viagem. O Coelho viajará muito no ano do Javali, não só física, mas espiritualmente. O Coelho se sentirá peregrino, transeunte na

Terra e ambicionará mais largos espaços espirituais. Vislumbrará um mundo que obscuramente percebeu sempre no seu íntimo e, então, terá a possibilidade de ascender a ele, de ser um cidadão de pleno direito deste novo universo, todavia, não criado. Será para o Coelho um ano de expansão em todos os assuntos humanos.

O DRAGÃO. No ano do Javali duas possibilidades se apresentarão, duas vertentes: a de ganhar muito dinheiro às expensas dos demais, quer dizer, enriquecer-se materialmente ou a de adquirir muitos bens espirituais. Qual das duas coisas escolherá o Dragão? Tudo dependerá do ponto de evolução em que se encontre. O seguro é que de um modo ou de outro o Dragão sairá enriquecido do ano do Javali.

A SERPENTE. Este ano será de alianças para a Serpente. Alianças que cobrirão não só o espaço material, mas também o espiritual. Pode se ligar indissoluvelmente à fé, a um princípio, a uma filosofia ou descobrirá um mestre que a guiará num mundo distinto do que lhe é habitual. A vida se fará mais cheia para a Serpente e muito mais promissora, graças a seus generosos aliados, no ano do Javali.

O CAVALO. Para o Cavalo, o ano do Javali será um ano de sacrifícios. Deverá proceder a uma "matança dos inocentes", dessas tendências que emergem de sua personalidade psíquica e que resultam parasitárias para o grande desígnio da vida. Dar-se-á conta o Cavalo de que é preciso mudar, evoluindo, que não pode permanecer sempre nos mesmos grupos humanos e sentirá a necessidade espiritual de ir mais longe. Mas, só pelo caminho do serviço poderá avançar o Cavalo no ano do Javali. Os Cavalos humildes irão a galope, os Cavalos presunçosos caminharão ao trote e à graça.

A CABRA. A Cabra se verá plenamente amada no ano do Javali. Ela que sempre duvida dos sentimentos dos demais se sentirá aceita e será plenamente feliz. As pessoas queridas farão muito mais do que querê-la. Abrir-lhe-ão caminhos em direção a níveis superiores do seu signo, quer dizer, a Cabra inferior terá a possibilidade de passar ao grau superior e isso devido, sobretudo, à solicitude amorosa das pessoas que se encontrarão em contato com ela no ano do Javali.

O MACACO. O que sempre prejudicou o Macaco vai se realizar nesse ano. Mas não será o Macaco quem o realizará. Outras pessoas animadas pelo mesmo desígnio o suplantarão, e o Macaco se sentirá satisfeito, é claro, de que seus pontos de vista triunfem. Mas ao mesmo tempo se verá frustrado por esse mesmo triunfo e isso o entristecerá. Felizmente, no seu lar encontrará muita compreensão, muita ternura e isso lhe permitirá consolar-se do seu desalento.

O GALO. O Galo se sentirá muito desligado do que ocorre no plano psíquico no ano do Javali. Irá recuperar a seu modo o posto perdido na sociedade, e como tem ar de tradicionalista, ainda que seja só uma aparência, no cerimonial do ano do Javali há de encontrar seu lugar. O Galo já ganhou dinheiro no ano do Cão, mas o que mais lhe importa é a consideração dos demais. E nesse ano empreenderá a conquista dessa consideração com muita sorte.

O CÃO. No ano do Javali, o Cão verá como todo mundo se lhe escapa das mãos, o que o deixará um tanto perplexo. No ano anterior, o Cão teve um domínio total sobre as coisas, mas neste ano a iniciativa muda de mão e as perspectivas por ele previstas não se realizam. Será um Cão desconcertado, mas de qualquer forma, o ano do Javali há de ser um ano de enriquecimento para ele. E isso o consolará do fato de que sua revolução se tenha desviado para outras causas.

O JAVALI. Os valores do Javali se verão plenamente reconhecidos no ano do Javali. Muitos nem sequer o reconhecerão, porque estavam acostumados a vê-los metidos na sua modéstia e sem imaginar que pudessem ser outra coisa senão um bom homem e nada mais. O Javali deve ser muito ambicioso nesse ano e sua ambição não deve se limitar à consecução de bens materiais.

As compatibilidades amistosas

O *que esperar das relações entre Rato e...*

RATO. No terreno puramente amistoso as relações serão boas, mas o Rato será sempre um competidor para o Rato. A similitude de suas qualidades e o escasso mercado que encontram numa sociedade estabilizada dará lugar a uma situação favorável a traições. Cuidado, pois, faça do Rato seu amigo, mas não seu confidente.

BÚFALO. São caracteres muito díspares, e no terreno da amizade propriamente dita não tem muito a lograr. Mas o Rato tem interesse em se conciliar com o Búfalo porque pode lhe emprestar dinheiro e proporcionar ocasiões de ganhá-lo. Em troca, para o Búfalo, o Rato será seu verdugo titular e muitas vezes a parasita e seu inimigo.

TIGRE. O Rato é animal de ação, o Tigre, animal de ideias. Ambos podem necessitar um do outro, se o Rato aceitar ser o instrumento do Tigre. Ademais, vivem em mundos bastante próximos, talvez coexistam no mesmo imóvel. O Rato será para o Tigre um autêntico amigo, em troca, para o Rato, o Tigre não será mais do que um vizinho. Sua ação conjunta pode ser explosiva.

COELHO. Eis aqui dois animais que não podem se ver, nem no Zodíaco Chinês, nem na realidade da vida. Nem o caráter, nem os interesses de um e outro coincidem. Não se compreendem, sentem-se estrangeiros. A naturalidade do Rato é qualificada de primitivismo para o Coelho, e as artimanhas do Coelho parecem ao Rato o cúmulo do artifício e da sofisticação.

DRAGÃO. Ambos são feitos da mesma pasta e deveriam entender-se, mas o Dragão, mais egoísta, perseguindo sempre um objetivo, atuando sempre por tática, tratará de utilizar o Rato e ele perceberá, e com isso a amizade se romperá, porque o Rato é muito independente para permitir que alguém abuse de sua personalidade. Mais do que amizade, o Dragão inspira amor ao Rato, e uma Rata enamorada perde facilmente a cabeça. Pela via do amor, O Dragão poderá se conciliar e domar o Rato.

SERPENTE. Estão muito longe um do outro quanto ao modo de ser e ambições, mas, precisamente por não serem competidores, podem conseguir uma autêntica amizade. Para a Serpente, o Rato será uma espécie de Cavalo de Troia que a introduzirá em ambientes em que nunca havia pisado, e graças a ela o Rato pode viver uma grande aventura espiritual. Para o Rato, a Serpente será esse firme pedal por onde se pode subir sem medo de queda.

CAVALO. Encontram-se em posições antípodas. Entendem--se muito bem quando se conhecem por ouvir falar. Ocorre entre eles o que a esses intelectuais inseguros, que se revestem de amor e compreensão pelos sofridos habitantes de Bangladesh ou pelos exportados de Uganda ou pelos palestinos, mas em troca se divorciam com grande frequência da pessoa que tem ao seu lado. Se não se aproximam, tudo irá bem entre Rato e Cavalo, mas se não respeitarem a lei da distância, sua aproximação significará despedaçar-se.

CABRA. São da mesma família espiritual e diferem só em seus objetivos; foram feitos para se entender no plano estrito da amizade. Para a atormentada Cabra, a alegria infantil do Rato será como um revulsivo, ao mesmo tempo em que a Cabra aportará ao Rato uma dimensão espiritual a que não tem acesso direto. Além do mais, poderá ser o instrumento involuntário do seu enriquecimento. O Rato que não reconhece dono se comportará feito um servidor e é capaz, inclusive, de ser humilde com a Cabra.

MACACO. Boa amizade entre ambos. Para o Rato, o Macaco é uma espécie de irmão mais velho, um animal a quem admira, pelo que sente muito respeito, um respeito quase religioso, pelo que não quer dizer que o obedeça, já que o Rato acha que estaria bem se pudesse ser como o Macaco, mas ele é um animal mais vinculado à Terra e a seus defeitos. E o Macaco quer o Rato como um irmão menor, a quem perdoa todas as suas travessuras. Sua amizade é impregnada do paternalismo do Macaco, mas é autêntica e operante. Em momentos difíceis, ambos podem consentir sacrifícios sublimes para ajudá-los.

GALO. Não há amizade possível entre eles. O Rato é o bebê do Zodíaco Chinês; o Galo é o ancião que resmunga. Há demasiada distância psicológica entre eles para que possam coincidir em algo. Em todas as direções da vida, seus pontos de vista e seus interesses se opõem. Que o Rato seja respeitoso com o Galo e ele, condescendente com o Rato, é tudo o que se pode esperar deles.

CÃO. Há afinidade em seus temperamentos e essa afinidade fará que entabulem rapidamente relações superficiais, epidérmicas, a longitude de onda de um e outro é demasiado distinta para que possam se entender em profundidade. Para o Rato será como esse parente distante que sente tanto prazer ao vê-lo, mas, quando passa uns dias em casa, se diz: "afortunadamente vive longe".

JAVALI. As circunstâncias da vida obrigam-nos muitas vezes a caminhar juntos, mas há um abismo entre eles. Ao Rato, ofendem as brincadeiras do Javali e ele não compreende como o Rato pode ser tão sensível e se enfadar tanto por algo a que ele não dá importância. Vivem em duas dimensões distintas e sua amizade só pode se basear num mal entendido, sempre que o Javali aceite desempenhar o papel a que lhe atribui o Rato.

O *que esperar das relações entre Búfalo e...*

BÚFALO. O magnetismo e a frivolidade de ambos logo os converterá em rivais. Não haverá sinceridade em suas relações e quanto mais calorosas sejam suas efusões, cada um pensará do outro: "Caia morto o carinho". Não obstante, quando todos os problemas da vida estiverem solucionados e já não haja neles a mais leve chispa de ambição, a similitude de seus caracteres pode convertê-los em grandes amigos.

TIGRE. Búfalo e Tigre só poderão estabelecer uma amizade a distância. O Tigre sempre está ausente. Sempre rodeando e farejando assuntos sujos, e ao Búfalo agrada-lhe a tranquilidade e que não agitem sua consciência com problemas que o obriguem a reconsiderar sua condição humana. Ao Búfalo não agrada essa mania do Tigre em se meter no alheio, e ao Tigre não lhe agrada a passividade e o empenho de estar certo. Detestam-se um ao outro.

COELHO. É previsível uma grande amizade entre mulheres desses dois signos. A ambas é prazeroso falar de insignificâncias e podem passar horas inteiras ocupadas em assuntos de beleza e moda. A mulher Búfalo não temerá a competência do Coelho e essa lhe deixará o campo livre nos assuntos de sedução. Entre homens a relação será meramente passiva. Sentados numa mesma mesa, degustando manjares delicados e vinhos finos, se entenderão perfeitamente e evocarão com nostalgia comilanças do passado. Sua relação, porém, não resultará criadora.

DRAGÃO. A grandiloquência do Dragão ressoa à farsa ao Búfalo e aquele repreende este, sua falta de idealismo e seu desinteresse pelas coisas profundas. Não pode existir autêntica amizade entre eles. Vivem em mundos à parte e ainda que quisessem seria difícil que prestassem serviços mútuos.

SERPENTE. Pode existir entre ambos grande amizade, porque o Búfalo admira os conhecimentos que possui a Serpente, e ela encontra no Búfalo a solução de certos problemas concretos que a vida lhe impõe. A Serpente será sempre um pouco de irmão mais velho do Búfalo, e este se deixará conduzir pela mãozinha com docilidade. De sua amizade podem nascer coisas muito sólidas. Em troca, será difícil a amizade entre pessoas de sexo contrário, porque rapidamente se transforma em amor.

CAVALO. Poucas possibilidades de relação, porque o Cavalo tentará dominar o Búfalo e resultará um pouco azarado para ele, desviando em seu favor as oportunidades que surjam, já que Búfalo e Cavalo possuem qualidades similares e são aptos às mesmas coisas. Ao Búfalo parecerá que o Cavalo está lhe roubando a vida.

MACACO. Só os Búfalos superiores buscam a amizade do Macaco, porque veem nele o animal que os saciará em sua sede de transcendência. Pode existir bela amizade, quando conseguirem fazer abstração de seus sentimentos e se dedicarem a construções mentais. Entre sexos diferentes, a amizade será impossível, porque a paixão irá pervertê-la.

GALO. Serão grandes amigos, sem dúvida, e poderão ser muito úteis um ao outro. Cada qual tem acesso a universos distintos, e caminhando unidos poderão se completar. Mas entre sexos contrários, as relações amistosas naufragarão numa banal história de amor.

CÃO. Incompatibilidade total. Só uma relação superficial, muito superficial, será possível. Para o Búfalo, o Cão é um autêntico marciano, e o Cão menospreza o sentido prático do Búfalo.

JAVALI. O Javali é talvez o melhor amigo do Búfalo, o mais adequado enquanto confidente. O Búfalo pode descarregar nele todos os seus sonhos, todas as suas astúcias para conseguir tal ou qual favor. O Javali o ouvirá complacente e em silêncio. Não será, porém, uma relação criadora. Búfalo e Javali nunca farão nada juntos, salvo apreciar boa comida, falar de suas coisas, ir a excursões, numa palavra: passar bem.

O *que esperar das relações entre Tigre e ...*

RATO (Ver Rato e Tigre).

BÚFALO (Ver Búfalo e Tigre).

TIGRE. Essa amizade dará lugar a grandes façanhas. Um e outro se perfilarão e poderão se converter em protagonistas de um autêntico seriado do cinema americano. O risco está em um querer demonstrar mais audácia do que o outro, o que não significa estar fora da lei ou mesmo no limite do perigoso. Grande amizade, sim, porém com cautela.

COELHO. O Coelho é um sonhador, o Tigre, um realizador. Associando suas qualidades, podem chegar a coisas fantásticas. São ótimos para uma colaboração literária. O Coelho dá profundidade à ação do Tigre, dá-lhe mistério, e a colaboração do Coelho resultará muito rentável ao Tigre.

DRAGÃO. Amizade positiva e benéfica para ambos. O Tigre preparará terreno ao Dragão e este, uma vez chegado, procurará ao Tigre um posto interessante. É uma das amizades mais eficazes que pode ocorrer, de início à prática. Suas qualidades completam-se, e cada um, a seu modo, busca o poder e a notoriedade.

SERPENTE. Não falam a mesma linguagem. O Tigre abarca as coisas em extensão, a Serpente as capta em profundidade. O Tigre observa o furúnculo na pele e toma medidas para extirpá-lo, enquanto que a Serpente interessa-se por aquilo que no interior do corpo humano provocou o furúnculo. Discutirão por anos sem conseguir se entender. Apesar da sua mútua simpatia, não pode dar nada de si a uma amizade.

CAVALO. Tigre e Cavalo sempre se entenderam. Ainda que não o diga, o Tigre sente secreta admiração pelo Cavalo, e ainda que não confesse o Cavalo gostaria de levar a vida aventureira do Tigre. Ambos se fascinam e existe entre eles profundo respeito. Sua sensibilidade é muito distinta e nem sempre conseguem ser úteis numa mesma empresa, mas, em suas horas livres, na prática dos hobbies, o Tigre buscará o Cavalo e o Cavalo buscará o Tigre.

CABRA. Costuma constituir um apoio eficaz para o Tigre, e aquele adivinha facilmente os segredos deste. Foram feitos para serem cúmplices, mas há perigo de que um seja para o outro "o homem que sabia demais" e que a amizade resulte perigosa se algum deles atuar fora da lei ou dos bons costumes.

MACACO. O Macaco é alguém que inevitavelmente se encontra no caminho do Tigre; é como a voz da consciência, é esse personagem providencial que se cruza em seu caminho para moralizá-lo, e malditas as ganas que tem o Tigre de que lhe preguem a moral. Não serão amigos porque no plano psíquico há um abismo entre eles, mas estão destinados a se encontrar facilmente e a colaborar apesar deles mesmos. Para o Tigre, o Macaco significará o anúncio de um mundo sublime: para o Macaco, o Tigre será essa chamada dos instintos que o adverte do perigo que encerra sua natureza inferior.

GALO. São duas gerações psíquicas distintas, ainda que ambos possam ter a mesma idade. O Galo é sempre velho, o Tigre é sempre jovem, com uma visão das coisas, uma visão reformadora, que não corresponde ao modo de ser do Galo. Ambos não coincidem nunca.

CÃO. O Cão é o amigo por excelência, e no Tigre encontrará verdadeiramente o seu mestre, a pessoa a quem vai dedicar sua devoção. Não é que o Tigre seja superior, mas exterioriza as qualidades que o Cão interioriza ou por outras palavras, o Tigre é por fora como o Cão é por dentro e ao revés. Sua amizade será indestrutível e das mais formosas e criativas que possam acontecer.

JAVALI. Com quem não se entende o Javali? Dá-se bem com todos e pode ser de grande utilidade para o Tigre. Em troca, é duvidoso que o Tigre possa devolver-lhe o favor, pelo menos, conscientemente, já que sem querer, sem que se proponha a isso, pode ser ao Javali de extrema utilidade. Ambos fazem parte de uma árvore comum, como ocorre com a Serpente e com o Macaco, mas são galhos muito separados.

O *que esperar das relações entre Coelho e...*

RATO (ver Rato e Coelho em páginas anteriores).

BÚFALO (Búfalo e Coelho, já discutido).

TIGRE (Tigre e Coelho, nas páginas anteriores).

COELHO. Boa amizade entre Coelho e Coelho, mas parasitária, tanto para um quanto para outro. Sentir-se-ão tão bem juntos, que não abrigarão o menor desejo de fazer outra coisa. Passarão horas e horas proseando, contando os sonhos, as experiências psíquicas, os filmes que viram, os programas da televisão.

DRAGÃO. O Coelho sempre necessita de alguém com mais força que o leve nos ombros e esse pode ser o Dragão, que lhe facilitará, além do mais, os meios econômicos. Para o Dragão já não será tão encantadora a amizade, mas o Coelho é dessas pessoas que deva fatalmente encontrar por destino. Melhor que o suporte de boa vontade e não que o faça por imposição da vida.

SERPENTE. Apesar de serem muito distintos, ambos se entendem às mil maravilhas. Para a Serpente, sempre concentrada em seus estudos, o Coelho representará um passatempo, um luxo que lhe propiciará uma troca de ideias e uma viagem pelo mundo da fantasia. E o Coelho aprenderá muito com a organizada Serpente.

CAVALO. Ambos sonham em ser estrelas; o Coelho sonha confusamente, o Cavalo tem já seu plano. Pouco podem aportar-se um ao outro no terreno da amizade. Cada um tratará de utilizar em seu proveito as relações ou a situação que estejam vivendo. Melhor, pois, que não cheguem nunca a entabular amizade.

CABRA. Ambos têm uma maneira de sentir muito próxima e se compreenderão plenamente, ainda que tudo o que possam se dar entre si seja isso: imensa compreensão. Os projetos da Cabra são demasiado audazes, e o Coelho assusta-se facilmente para que colabore com ele, mas eles se sentirão bem quando estiverem juntos.

MACACO. O Macaco se converterá facilmente em escravo do Coelho; é o único animal que pode escravizar o independente e idealista Macaco, porque o admira secretamente, e para o Coelho, o Macaco será alguém de quem poderá dispor, um servidor eficaz e devoto. Mas, sua colaboração não dará nunca resultados surpreendentes no plano prático.

GALO. Num momento dado de suas vidas, ambos estão destinados a se encontrar, para o melhor e para o pior. Mas esse encontro, entre sexos contrários, costuma dar lugar a matrimônios, não a relações amistosas, porque ambos são muito distintos para que, livremente, sem se ver puxados por uma corrente que não conseguem dominar, decidam partilhar seus sentimentos.

CÃO. No mundo animal, Cão e Coelho são inimigos irreconciliáveis, mas, no plano humano, o Coelho se vê, com frequência, seduzido pelo Cão. A amizade não pode existir entre pessoas de sexo contrário porque a paixão domina e seus intercâmbios convertem-se em meramente sexuais. Mas entre pessoa do mesmo sexo pode existir certa compenetração. Tem coisas a dizer-se.

JAVALI. Grande cordialidade entre o Galo e o Javali. Grande cordialidade entre o Galo e o Javali. Ambos são dois cúmplices, dois alegres companheiros de farra. Ao lado do Javali, a melancolia do Coelho desaparece e contagia-se com seu otimismo. Ao Coelho, parece-lhe viver no melhor dos mundos e sente-se literalmente feliz. Mas ambos adormecem nessa felicidade, e ser amigos significa pensar muito pouco no trabalho e na ação.

O que esperar das relações entre Dragão e...

RATO (Ver Rato e Dragão).

BÚFALO (Ver Búfalo e Dragão).

TIGRE (Ver Tigre e Dragão).

COELHO (Ver Coelho e Dragão).

DRAGÃO. São duas vidas paralelas, dois prótons que buscam a matéria para formar seu núcleo atômico; ao se unirem, ainda que sejam idênticos, são dois universos em colisão. Uma vez organizados, com toda sua corte, podem se associar para formar uma molécula, mas já não será a título individual e privado, mas em nível de grupo, de empresa, de instituição. Podem ser dois líderes de um mesmo partido que necessitem somar votos.

SERPENTE. A Serpente possui conhecimentos que o Dragão pode utilizar em bloco, sem analisar, tal é a confiança que a Serpente lhe inspira. O Dragão não tem tempo, à Serpente sobra-lhe e além do que, não lhe agrada mandar e prefere estar à sombra, ao revés de seu amigo Dragão. Serão amigos se pela utilidade que lhe tirarão a amizade.

CAVALO. O Cavalo é organizador, em troca, o Dragão necessita da individualidade para realizar sua obra. Um quer integrar-se, outro, brilhar solitariamente. Seus objetivos não coincidem, pois, e ainda que em nível temperamental possa existir entendimento e amizade, o curso da vida os irá separando.

CABRA. A Cabra pode ser admiradora do Dragão e enquanto ambos permanecem a certa distância, essa admiração pode ser portadora de bons logros. Mas, ambos não podem transpassar a barreira da simples relação. Não cabe uma amizade íntima, porque ao Dragão, a Cabra não lhe diz nada e ela deixaria de admirar o Dragão enquanto o conhecesse por dentro.

MACACO. O Macaco pode aportar grande enobrecimento aos ideais do Dragão. O Macaco o manejará e o utilizará para realizar seus ideais falidos. Sua amizade resultará, pois, muito ativa e graças ao concurso de ambos o triunfo virá mais rapidamente. O Macaco é o único animal a quem o Dragão admira, mas só admite sua superioridade em seu foro íntimo, não para fora.

GALO. O Galo resulta um bom suporte para o Dragão. Pode ser seu homem de confiança e o Galo aceitará com prazer essa submissão. Falar de amizade entre eles talvez resulte um excesso, já que o Dragão o considerará sempre seu inferior, e o Galo respeitará essa hierarquia.

CÃO. Estão nas antípodas um do outro e sua coexistência é muito difícil. Ainda que amiúde a vida os una no seio de um matrimônio, será a fatalidade a que fará as coisas e não a vontade dos interessados. Escassas possibilidades de relação em nível de amizade que será sempre negativa.

JAVALI. O Javali constituirá uma fonte de humilhações para o Dragão. Será esse animal a contar um chiste quando o outro pronunciar um discurso, o que lançará uma bomba fétida em plena reunião. Precisamente porque não pode dominá-lo, o Dragão se empenhará em sua conquista. Mas sua amizade só poderá ser baseada num mal entendido.

O que esperar das relações entre Serpente e ...

RATO (Ver Rato e Serpente).

BÚFALO (Ver Búfalo e Serpente).

TIGRE (Ver Tigre e Serpente).

COELHO (Ver Coelho e Serpente).

DRAGÃO (Ver Dragão e Serpente).

SERPENTE. Serão os melhores amigos do mundo. Juntos falarão de suas análises, de seus regimes, das plantas medicinais às quais são tão aficionados, de seus sintomas, de suas observações. Intercambiarão direções de herbários, de curandeiros, de médicos naturalistas, em grande número. Ninguém pode compreender melhor uma Serpente do que outra Serpente.

CAVALO. Será sempre uma amizade um pouco forçada. O Cavalo quererá levar a Serpente a qualquer lugar, a uma reunião, a um congresso, a um sindicato; quererá apresentá-la a este e àquele, e a Serpente resistirá muito a esse vendaval que entra de repente em sua vida. Deverão fazer mútuas concessões para que a amizade seja viável.

CABRA. A Serpente é o melhor conselheiro da Cabra. Quando esta entra em crise existencial, a tranquilidade e a sabedoria da Serpente permitem-lhe encontrar de novo o caminho. Será uma amizade em que a Serpente será quem dará e a Cabra quem receberá. Mas, a Serpente não é muito inclinada a dar.

MACACO. Não há compatibilidade entre ambos. O Macaco é idealista, a Serpente, realista. Ao se tratar de uma Serpente muito evoluída, em suas análises chegará às mesmas conclusões que o Macaco, e seus intercâmbios intelectuais serão fecundos. Mas os tipos médios são incompatíveis.

GALO. Estarão de acordo em tudo, salvo nas questões de dietética, talvez. Mas se tratará de uma amizade contemplativa, porque como ambos são de natureza tímida e reservada, não conquistarão nada juntos, e necessitarão do apoio de um extrovertido.

CÃO. É difícil o convívio. O Cão poderia fazer muito pela promoção da Serpente, mas falam linguagens tão distintas, que não chegarão nunca a atravessar a barreira da indiferença. Ao Cão apraz-lhe olhar adiante, a Serpente prefere fazê-lo para trás.

JAVALI. O primeiro passo nessa amizade é sempre difícil, porque ambos se comprazem na solidão. Mas quando se conhecem a fundo, dão-se conta de que cada um constitui para o outro seu complemento ideal, sua transcendência. O Javali aprenderá a analisar as coisas com escrúpulo, por sua amizade com a Serpente, e essa aprenderá a sintetizá-las e a estudar outros domínios por analogia.

O *que esperar das relações entre Cavalo e...*

RATO (Ver Rato e Cavalo).

BÚFALO (Ver Búfalo e Cavalo).

TIGRE (Ver Tigre e Cavalo).

COELHO (Ver Coelho e Cavalo).

DRAGÃO (Ver Dragão e Cavalo).

SERPENTE (Ver Dragão e Cavalo).

CAVALO. O Cavalo necessita de muito espaço para suas cavalgadas e se outro Cavalo se lhe aproxima pode haver colisões. Ainda que de forma temperamental se entendam, num grupo de amigos sempre serão competidores e sua amizade não irá muito longe.

CABRA. A combinação é explosiva, mas dará muitos jogos. Se Cavalo lhe dá para organizar os assuntos tenebrosos que sempre traz às custas da Cabra, o ânimo pode dar lugar à criação de nova máfia ou à reorganização da CIA. Essa amizade sempre acaba sendo algo perigosa.

MACACO. Suas relações humanas sempre serão amáveis, mas não haverá verdadeira amizade, porque seus objetivos não coincidem. Seus idealismos dirigem-se a resultados distintos. E não obstante, o Macaco conta com muitos Cavalos em suas relações.

GALO. Pode existir amizade, mas será sempre uma amizade interessada. O Cavalo facilita ao Galo a vida social, apresenta-o às pessoas, permite-lhe assomar às celebrações. Em troca, o Galo tem pouco a oferecer ao Cavalo, a não ser sua influência na Administração para solucionar problemas dos numerosos amigos do Cavalo.

CÃO. Ambos serão grandes e entranhados amigos. O Cavalo admira profundamente a originalidade do Cão e dedica-lhe grandes elogios e ao Cão lhe inspira o Cavalo. Ambos se complementam, um criando emoções, outro, dando ideias. Mas, entre sexos contrários não cabe a amizade porque se converterá imediatamente em amor.

JAVALI. O Cavalo terá a tendência a pisotear o Javali, vendo nele um degrau sobre o qual irá içar-se. Mas o Javali adivinhará facilmente o jogo do Cavalo e não se deixará utilizar com facilidade. A amizade começará pois, num mal entendido e só quando tudo se aclare, será possível estabelecê-la em bases sólidas.

O *que esperar das relações entre Cabra e ...*

RATO (Ver Rato e Cabra).

BÚFALO (Ver Búfalo e Cabra).

TIGRE (Ver Tigre e Cabra).

COELHO (Ver Coelho e Cabra).

DRAGÃO (Ver Dragão e Cabra).

SERPENTE (Ver Dragão e Cabra).

CAVALO (Ver Dragão e Cabra).

CABRA. Serão grandes amigos e grandes cúmplices. Como se veem seduzidos pelas ações tenebrosas, misteriosas, secretas, se animarão mutuamente e sua audácia se multiplicará. Nenhuma das duas quererá ficar na retaguarda nem passar por medroso, de forma que chegarão facilmente à temeridade, e essa amizade poderá acabar sendo perigosa.

MACACO. Os Cabras que vivem num plano evoluído superior encontrarão no Macaco seu mestre. Os Cabras inferiores têm pouco em comum com o Macaco, e sua amizade não há de resultar muito positiva. Mas os inferiores de cada signo se entenderão bem para organizar farras e celebrações.

GALO. O Galo tem alta consciência de si mesmo e se crê no dever de ajudar as pessoas com problemas, e é aqui que encontrará na Cabra esses problemas que lhe permitirão satisfazer sua consciência. O Cabra será pois o amigo ideal do Galo, e com sua sensibilidade captará imediatamente a situação, e se não tem problemas os inventará, como pretexto de gozar da proteção do Galo. Pode chamar-se isso amizade?

CÃO. Em ambos os animais há poucas coincidências que os caracterizem. Vivem em universos que não se comunicam ou que, se fazem, é de forma violenta. Entre os dois casos não cabe a amizade.

JAVALI. Sim. Ambos serão bons cúmplices. O Javali compreende tudo, aceita tudo e se aviltará se for preciso para estar à altura da Cabra. Se ela cometeu alguma maldade, o Javali se incumbirá de ocultá-lo, não duvidando em se converter em cúmplice. Os Javalis e as Cabras de natureza superior coincidem igualmente em suas aspirações sublimes.

O que esperar das relações entre Macaco e...

RATO (Ver Rato e Macaco).

BÚFALO (Ver Búfalo e Macaco).

TIGRE (Ver Tigre e Macaco).

COELHO (Ver Coelho e Macaco).

DRAGÃO (Ver Dragão e Macaco).

SERPENTE (Ver Dragão e Macaco).

CAVALO (Ver Dragão e Macaco).

CABRA (Ver Dragão e Macaco).

MACACO. Entender-se-ão perfeitamente e compartilharão suas ideias e ideais, mas a amizade resultará estéril no plano prático, porque quando decidem realizar algo, a um Macaco ocorrerá sempre uma ideia mais perfeita que anulará a anterior e, de perfeição em perfeição, deixarão sempre para mais tarde o que iam fazer.

GALO. A estreiteza de olhar do Galo exaspera o Macaco, tanto mais quanto seja amiúde o Galo o administrador ou o contador do Macaco, o homem de quem depende para realizar ou não seu programa. Por essa razão, o Macaco é com frequência o inimigo do Galo. Poucas possibilidades de chegarem a um acordo.

CÃO. Podem ser grandes amigos. O Cão aproveitará o idealismo do Macaco para criar coisas práticas e ele constituirá suas principais fontes de inspiração. O Macaco encontrará no Cão um indivíduo a lhe inspirar confiança e fará que se sinta menos só na sua cruzada.

JAVALI. Ainda que muito distintos em sua manifestação interior, parecem-se muito no seu foro interno. Sua amizade será mais real do que aparente, ainda que a vida que leve um e outro os separe e lhes seja difícil coincidir.

O *que esperar das relações entre Galo e...*

RATO (Ver Rato e Galo).

BÚFALO (Ver Búfalo e Galo).

TIGRE (Ver Tigre e Galo).

COELHO (Ver Coelho e Galo).

DRAGÃO (Ver Dragão e Galo).

SERPENTE (Ver Dragão e Galo).

CAVALO (Ver Dragão e Galo).

CABRA (Ver Dragão e Galo).

MACACO (Ver Dragão e Galo).

GALO. Essa amizade significará uma associação de tristezas, de ressentimentos, de melancolia, de frustrações. Ainda que o caráter seja parecido, precisamente por isso é melhor que não se liguem em amizade duas pessoas nascidas no ano do Galo.

CÃO. São os mais exímios representantes de dois mundos em luta aberta. O Galo é o defensor furioso do passado e suas tradições; o Cão é o que dinamita as estruturas para que delas cresça o futuro. Não há possibilidade de amizade.

JAVALI. Pelo menos numa ocasião em sua vida o Javali necessitará de proteção, e é o Galo quem com muito maior firmeza se lhe prestará. Ambos são muito distintos no seu modo de ser, mas trazem consigo a marca da amizade mútua.

O que esperar das relações entre Cão e...

RATO (Ver Rato e Cão).

BÚFALO (Ver Búfalo e Cão).

TIGRE (Ver Tigre e Cão).

COELHO (Ver Coelho e Cão).

DRAGÃO (Ver Dragão e Cão).

SERPENTE (Ver Dragão e Cão).

CAVALO (Ver Dragão e Cão).

CABRA (Ver Dragão e Cão).

MACACO (Ver Dragão e Cão).

GALO (Ver Dragão e Cão).

CÃO. Boa amizade, pouco convencional, pouco formalista. É possível que quando alguém convide o outro à ceia em sua casa, seja o convidado quem tenha de preparar a ceia, mas a recíproca será verdadeira. Dar-se-ão encontros e logo o esquecerão, ficarão anos sem se ver, mas reatarão sua amizade como se tivessem se separado na véspera.

JAVALI. O Cão tira-lhe muito partido, mas o Javali cultiva a amizade do Cão porque sabe que é um bom inimigo e prefere conhecer o rosto de seus inimigos, a fim de poder utilizá-los nos períodos de adversidade. Quando as coisas vão demasiado bem para o Javali e teme um retorno de manivela, acode ao Cão para que o traia um pouco, interpretando o papel do Destino.

O que esperar das relações entre Javali e...

RATO (Ver Rato e Javali).

BÚFALO (Ver Búfalo e Javali).

TIGRE (Ver Tigre e Javali).

COELHO (Ver Coelho e Javali).

DRAGÃO (Ver Dragão e Javali).

SERPENTE (Ver Dragão e Javali).

CAVALO (Ver Dragão e Javali).

CABRA (Ver Dragão e Javali).

MACACO (Ver Dragão e Javali).

GALO (Ver Dragão e Javali).

CÃO (Ver Dragão e Javali).

JAVALI. Entender-se-ão às mil maravilhas, mas prontos para as licenças de todo tipo, os dois passarão a largo em alegre folia, esquecendo suas mais urgentes obrigações. A amizade entre Javalis pode ser perniciosa nos tipos inferiores. Entretanto, o Javali superior pode representar um poderoso agente de evolução para seu irmão inferior.

Como será sua história de amor ...

Se ela é Rato...

... e ele é Rato. Amar-se-ão feito crianças, iguais colegiais. Sempre parecerá que estão no primeiro dia do seu amor, ainda que passem os anos e os séculos. Mas suas reprimendas serão terríveis como as das crianças.

... e ele é Búfalo. Ela se sentirá orgulhosa do bem colocado que é seu marido e do muito que suas amigas a invejam. Como o conseguiu? Perguntarão a ela, e o Rato se sentirá no mais belo dos mundos. Mas nem tudo será admiração nela, senão que se converterá na principal promotora do talento do seu marido, abrindo-lhe caminhos ao passar. O Búfalo irá com muito respeito e carinho ao lado dela.

... e ele é Tigre. Ambos necessitam de liberdade e devem estar dispostos a dá-la. A ele agradará correr, sabendo que sua esposa o aguarda no seu lar, mas se um dia regressa de improviso, não encontrará essa esposa o aguardando. O Tigre irá tolerar isso? Aventurado dizê-lo. União difícil se o Rato não estiver disposto à concessão.

... e ele é Coelho. A independência do Rato não se ajusta à visão intimista e doméstica da vida que tem o Coelho. Essa combinação está muito mal emparelhada e só com a intervenção da fatalidade será possível realizar-se. As coisas podem terminar mal.

... e ele é Dragão. É uma união ideal. O Rato ama profundamente o Dragão e a ele lhe inspira o Rato. Às vezes, o que falta sejam os filhos, devido a uma excessiva paixão que queima a concepção.

... e ele é Serpente. O casal só irá adiante se o Rato tem algum complexo de culpa. Então, se casa com a Serpente para se autocastigar. Para a Serpente será um peso a mais para suportar com resignação.

... e ele é Cavalo. Esses dois fizeram as coisas pelo avesso e não tardarão em aperceberem-se disso. O Rato levará o esperneio, física e moralmente e o Cavalo se porá adiante das fainas caseiras.

... e ele é Cabra. A alma da Cabra é demasiado grosseira para o Rato, a quem agrada a simplicidade. Quando descobre que a Cabra leva uma vida dupla, entra em angústia vital, nada bom para o matrimônio.

... e ele é Macaco. Felicidade assegurada mais para ele do que para ela, que será a que se deixe amar. Mas, o Macaco a seduzirá intelectualmente, de modo que serão tanto mais felizes enquanto o Rato responder positivamente à intelectualidade. Um Rato subdesenvolvido intelectualmente não será feliz com um Macaco.

... e ele é Galo. Abster-se a todo preço. Não tem nada em comum. Sabe-se de alguém que vai se casar e são desses signos, aconselhe-os cortês, mas firmemente que não o façam. Precisa dissuadi-los, ainda que finalmente tenha de empregar violência.

... e ele é Cão. Formarão um matrimônio um pouco boêmio, muito dado a comer alimentos enlatados ou legumes crus, tal como os fez a natureza. Mas serão felizes e nem um nem outro sentirão desejo de viver de outra forma.

... e ele é Javali. Encontram-se em níveis de evolução distintos. O Rato perturba o sono tranquilo do Javali e obriga-o a permanecer desperto. Talvez seja o que o Javali necessite, mas para o Rato o fardo será muito pesado.

Se ela é Búfalo...

... e ele é Rato. Entender-se-ão às mil maravilhas, porque enquanto ele "guerreiro" se entrega com ardor à luta pela vida, a Búfalo passa suas horas diante do espelho, refinando sua beleza. Claro que a Búfalo é vulnerável, que se vê muito solicitada e que se seu marido estiver sempre fora...

... e ele é Búfalo. Uni-los-á o amor comum pelo lar e pela família, mas cada um exercerá uma poderosa atração sobre o sexo contrário, e como a carne é frágil podem ceder ao apelo do amor extraconjugal e se converter ele em amante da melhor amiga dela e ela amante do melhor amigo dele.

... e ele é Tigre. Será um par que não se aborrecerá porque o Tigre sabe contar histórias cheias de emoção, e o Búfalo é muito sensível à palavra. Mas que o Tigre cuide em não descuidar das atenções, porque ela se verá assediada pelo sexo contrário.

... e ele é Coelho. O Búfalo admira sobretudo a virilidade, a honra, o machismo, e talvez o Coelho não ofereça a ele a imagem de um protótipo nesse sentido. O Búfalo pode se permitir licenças que não sejam compatíveis com a vida matrimonial.

... e ele é Dragão. Os módulos de sua personalidade são muito distintos, mas podem chegar a se entender, porque o Búfalo necessita admirar, e ele, Dragão, é sempre objeto de admiração. Estar casado com o número um já compensa suficientemente o Búfalo, ainda que intimamente viva preso de suas insatisfações.

... e ele é Serpente. Será uma das alianças mais felizes. Ao Búfalo atrai a inteligência dos homens que ama. Uma aventura pode vivê-la com qualquer um, mas não permanecerá a vida toda ao lado de um homem, caso não lhe supere em inteligência. E a Serpente será este homem.

... e ele é Cavalo. Um conselho para este casal: que busque uma casa com dois banheiros, porque ambos passarão muitas horas diante do espelho e a ocupação do banheiro poderia ser motivo de ruptura. Presumido ele, presumida ela, viverão em nível muito superficial e de modo frágil.

... e ele é Cabra. Muitos matrimônios oferecem essa combinação, já que ambos os signos formam eixo. É um matrimônio a que Búfalos e Cabras vêm-se obrigados pela imposição do destino. São muito distintos, mas suas qualidades complementam-se e necessitam-se.

... e ele é Macaco. O Macaco atrai sexualmente o Búfalo, mas lhe oferece ao mesmo tempo mentalidade superior, e o que o Búfalo busca é a inteligência. Mas o Macaco é bastante insensível à beleza do Búfalo, e nesse matrimônio ela será a enamorada e ele fará sua vida um pouco no lar e outro em outros lugares.

... e ele é Galo. Sim. A união funcionará, sobretudo se o Galo já estiver bem colocado ao conhecer o Búfalo. Se se encontrar em seu período longo, de luta, ainda que esteja profundamente enamorado do Búfalo, não lhe confessará seu amor porque se dirá ele mesmo que não é porção para seu paladar. Mas o Búfalo amará o Galo com a cabeça e não com o coração, e isso pode dar lugar a graves deslizes.

... e ele é Cão. O cão se mostrará muito exigente com o Búfalo, enquanto ele se permitirá todas as licenças. O Búfalo tem muita tolerância, mas um dia deixará tudo a rodar.

... e ele é Javali. Em nível de relações superficiais tudo irá bem. Mas no seio de um matrimônio, logo se darão conta de que vivem em latitudes espirituais muito distintas.

Se ela é Tigre...

... e ele é Rato. O Rato abrigará certo complexo de inferioridade de sua esposa, já que ela será a intelectual da família. Se o Rato estiver impregnado das ideias feministas de nossa época e deixar as grandes decisões para sua mulher, tudo pode ir bem. Mas, o Rato costuma ser muito macho. Então.

... e ele é Búfalo. Só em casos excepcionais as coisas irão bem, graças a uma inversão dos valores femininos e masculinos em cada uma dessas figuras. União a desaconselhar.

... e ele é Tigre. Seus rugidos se ouvirão de muito longe como o "bang" de um avião supersônico. Mas, ainda que gritem muito e até se deem lenha, sua semelhança interior voltará a juntá-los. Não obstante, não serão sinceros um com o outro.

... e ele é Coelho. Tampouco essa combinação é afortunada e ocorrerá algo semelhante ao Tigre-Búfalo. Ela será o elemento macho e ele o elemento fêmeo. Melhor não tentar a experiência.

... e ele é Dragão. Ao Dragão não agrada que lhe desobedeçam, e o Tigre é um animal pouco obediente. A autoridade do Dragão se verá diminuída constantemente, e o matrimônio funcionará à medida que saiba renunciar a seus privilégios de Dragão, porque o Tigre não renunciará a ser Tigre.

... e ele é Serpente. Cada um é um intelectual a seu modo e vê as coisas de forma muito distinta, sem que se possam juntar seus pontos de vista. É melhor renunciar a tal união.

... ele é Cavalo. Sua união será feliz e realizarão muitas coisas juntos. Compartilharão as tarefas domésticas, assim também a vida profissional. O Tigre estará profundamente enamorado do Cavalo e lhe perdoará suas infidelidades.

... e ele é Cabra. O Tigre atrai sexualmente a Cabra, mas ele tem tendência a escravizá-la, a utilizá-la para seus fins. A Cabra, porém, não é do tipo que se deixa utilizar. É provável que entre eles não possa haver mais do que uma aventura e um mal entendido.

... e ele é Macaco. São signos que formam pares e deverão necessariamente confrontar-se no seio de uma família. Podem contribuir muito, sobretudo se vivem no nível superior do signo e podem se comunicar intelectualmente.

... e ele é Galo. O que representa o Galo é no geral aquilo que o Tigre pretende derrubar ou pôr em evidência. O Tigre lhe estará constantemente reprovando algo, e o Galo acabará por organizar sua vida noutra latitude.

... e ele é Cão. O Cão amará fielmente o Tigre por toda sua vida. Não é tão seguro que o Tigre faça o mesmo com o Cão, mas a união pode funcionar, sobretudo se se tratar de um Tigre intelectualizado, porque encontrará no Cão perspectivas enormes para sua ação.

... e ele é Javali. O Tigre é dominador; o Javali, de natureza passiva. A combinação pode funcionar, sobretudo se a mulher estiver imbuída de ideias modernas.

Se ela é Coelho...

... e ele Rato: A ele agrada o bulício; a ela, a tranquilidade, e seu inimigo número um é o estrépito, não obstante, se Rato tampar os ouvidos à sua expressão humana, e ela fizer um esforço para sair de seu universo. O que não andará de modo algum será a união ao inverso.

... e ele é Búfalo. Podem se entender, pois se parecem em sua estrutura sentimental. Mas, o Coelho feminino precisa de vontade firme que a propulsione. Contudo, o Búfalo passará o dia deitado no tapete ou com a vontade morta nas noites de luar.

... e ele é Tigre. Sim, nada os impede de viver felizes, mas o Tigre não é o animal ideal para o Coelho. Ao contrário, o Tigre excitará perigosamente o inconsciente do Coelho e poderá levá-lo à perversão.

... e ele é Coelho. Seria uma associação de preguiça e de lascívia. Existiriam, mais que viveriam. Concebe-se entre gente muito afortunada e rodeada de servidores. Essa combinação é portadora de todos os vícios, mas ao mesmo tempo, de grandes experiências psíquicas, enriquecedoras em nível da alma. Em seres superiores, essa combinação desemboca no sublime.

... e ele é Dragão. O Coelho se sentirá revalorizado junto ao Dragão. Ela será mais ela e ele, mais ele. Serão dois arquétipos de humanidade unidos, e as pessoas se voltarão para contemplá-los quando passarem ao seu lado. Felicidade quase mitológica.

... e ele é Serpente. Sim, no plano do caráter, mas o Coelho pede luxos e prazeres, mas a Serpente é sóbria, parca em dar, quando não declaradamente, tacanha. O Coelho terá que roer muitos ossos com a Serpente, e é bem sabido que os ossos não agradam ao Coelho.

... e ele é Cavalo. Poucas possibilidades de comunicação em nível profundo. Vivem em mundos que não se tocam, e nenhum deles desperta no outro o eco sentimental permanente. Para uma aventura, ambos passarão razoavelmente, mas sua união não é aconselhável.

... e ele é Cabra. Ao Coelho o endoidece a Cabra e é pelo único animal do Zodíaco Chinês que é capaz de perder a cabeça. Mas a Cabra aproveita-se dessa situação para fazer sofrer o Coelho, e suas relações, muito ao macho e fêmea, resultam folclóricas para não dizer dramáticas.

... e ele é Macaco. O Coelho excita a sexualidade do Macaco, mas a ela o Macaco é completamente indiferente. Em todo caso, será engraçado vê-lo escravizado e poderá se sentir superior, coisa que não é verdade. Em nenhum caso poderá existir compenetração profunda entre eles.

... e ele é Cão. O Cão estimula os obscuros sonhos do Coelho, fazendo aparecer como possível à consciência tudo aquilo que parece impossível. E Deus sabe se o Coelho está repleto de impossibilidades. Essa união encarna grande esperança por parte de ambos.

... e ele é Javali. O Javali é um enamorado perdido do Coelho e para ela é capaz até de se refinar e se transformar em tenro ratão. O Javali possui o segredo das transformações. Agrada ao Coelho sentir-se querido, e o Javali lhe dará essa sensação de dependência sem a qual não lhe será possível viver.

Se ela é Dragão...

... e ele é Rato. Esta combinação só se dá quando ela é titular de um complexo de culpa. Desta forma se livra da culpa, algo assim como se desse uma moeda a um pobre, mas em nível das relações humanas. Se o Rato aceita a situação, se aceita que sua mulher ganhe mais e seja melhor na escala social, pois...

... e ele é Búfalo. Ao autoritarismo do Dragão, o Búfalo responderá com sua arma predileta: a infidelidade. Ela se sentirá muito ufana ante seus amigos, presumindo-se de play-boy, mas todas as suas amigas saberão que o play- boy em questão a trai escandalosamente.

... e ele é Tigre. Nenhum dos dois quererá dizer, e cada um tenderá a demonstrar ao outro a sua superioridade. Quem se ocupará dos trabalhos caseiros? Que vão pensando em encontrar empregados, se é que poderão se permitir a isso. Do contrário...

... e ele é Coelho. Às vezes, se lê nos periódicos que uma rica herdeira se casa com seu chofer. É este o caso do nosso par. Também se lê que o motorista a abandona depois de haver gasto sua herança. Também se vê que este é o caso da combinação que tratamos.

... e ele é Dragão. A união pode se afortunada. Não haverá nem vencedores nem vencidos; compartirão tudo, tanto nos trabalhos caseiros quanto nas ambições e ideais. O mal é que se militam em associações políticas contrárias, de modo que, quando um estiver no poder, o outro estará na oposição. Então, seu timbaleiro sentimental se fundirá.

... e ele é Serpente: Nunca se aventurará nos domínios do Dragão. E menos se lhe ocorrerá se enamorar dela. Se suceder, é por erro, por inadvertência, porque a Serpente costuma ser distraída e lhe tocará pagar a conta da sua distração.

... e ele é Cavalo. O Dragão necessita ser tratado igual a uma estrela, e o Cavalo é um pretendente inato ao estrelismo. Sua união repousará sobre um mal entendido. O Cavalo crerá que será promovido pelo Dragão e quando se der conta de que o Dragão não o elevará, sua história naufragará.

... e ele é Cabra. O Cabra costuma dizer o que pensa e com muita franqueza e isto não agrada ao Dragão que é muito sensível às adulações. Esta união só pode ocorrer devido a um tremendo erro.

... e ele é Macaco. O Macaco é o único animal que o Dragão é capaz de amar apaixonadamente, aceitando inclusive o sacrifício, palavra que não figura no vocabulário do Dragão, para conseguir seu amor. O Macaco não é indiferente a essas atenções e aceitará esse amor, mas se sentirá muito mais distante e isso enfurecerá o Dragão e o impelirá, ao mesmo tempo, a redobrar seu amor, com a esperança de submetê-lo.

... e ele é Cão. Dragão e Cão formam um eixo e fatalmente acabarão por se encontrar para se oferecer experiências mútuas. Seu desacordo pode durar toda a vida, entre afastamentos e reconciliações.

... e ele é Javali. O Javali domina o Dragão; é o único animal que sabe demonstrar seus mecanismos e ver as peças uma a uma, mas ele, Dragão, deixa-se dominar, porque O Javali exerce sobre ele poderosa atração sexual. Contudo, esse gênero de opiniões não pode dominar toda a vida.

Se ela é Serpente...

... e ele é Rato. Ela será uma esposa feliz. As coisas estarão em seu lugar, e cada um desempenhará os papéis tradicionais que vem desempenhando até a pouco, um homem e uma mulher. Mas a Serpente, no trato prolongado com um Rato, se desintelectuarizará.

... e ele é Búfalo. Eis aqui um amor para toda a vida, porque o Búfalo é louco pela Serpente e a trairá o menos possível, o que, tratando-se do Búfalo é uma grande honra.

... e ele é Tigre. O Tigre aceita dificilmente que alguém lhe dê conselhos e não poderá se livrar de que a Serpente o trate como se fosse seu filho. Por isso, essa combinação tem poucas possibilidades de durar.

... e ele é Coelho. Serão sempre mais amigos que namorados. A Serpente vê demasiado no interior das coisas para que o Coelho possa se mitificar perante ela. E um Coelho que não possa dispor de seu mistério, de sua sedução, vale muito menos.

... e ele é Dragão. A combinação pode ser viável, mas a liberdade da Serpente se verá consideravelmente diminuída ao lado do Dragão, que tirará constantemente a manta de seu lado, deixando a sua companheira a descoberto.

... e ele é Serpente. Sim, a condição de serem ambos intelectuais, porque então se produzirão intercâmbios que serão verdadeiros torneios, e ambos aprenderão muito em suas relações mútuas. Se não for assim, melhor abster-se, porque a única coisa que irá conseguir será associar suas manias e seus prejuízos.

... e ele é Cavalo. Para a Serpente, a coisa estará sob controle, mas o Cavalo necessita muita margem de liberdade, e a Serpente o terá muito controlado e será algo assim como um Sherlock Holmes, para ele.

... e ele é Cabra. O Cabra necessita da sensatez da Serpente, mas no amor, não se vive de sensatez e é só o que a Serpente pode lhe oferecer. Se tudo lhe falhar, aconselhamos ao Cabra que busque a companhia da Serpente, que costuma se casar tarde na vida. Para ambos pode ser sua última oportunidade.

... e ele é Macaco. São duas categorias humanas muito distintas e se perturbarão mais do que se ajuntarão, ao se unirem, pois a Serpente subestima o Macaco e consideraria prejudicial casando-se com ele, e a revés, o Macaco supervaloriza a Serpente e lhe traria grande decepção.

... e ele é Galo. Eis aqui dois animais que deviam se buscar ativamente porque são feitos um para o outro. Ascenderão lentamente, mas com segurança e se sentirão satisfeitos de si mesmos, contando seus recursos, fazendo planos de futuro e evocando os dias de luta.

... e ele é Cão. Melhor, que não. A Serpente vive muito o presente, e para o Cão o que conta é o futuro. A Serpente, ao se lamentar, o outro responderá: De que se queixa, manhosa? Não vê o futuro? E para Serpente tanto faz o futuro, o que ela quer é o presente.

... e ele é Javali. São os aliados naturais, os que as forças cósmicas costumam juntar. Ambos se completam, e o Javali é o único animal que aceita os lamentos, as manias e as particularidades da Serpente.

Se ela é Cavalo...

... e ele é Rato. O matrimônio resultará num verdadeiro filme do Oeste, mas funcionará. Amar-se-ão apaixonadamente até a morte. Procure andar tranquilo, porque senão...

... e ele é Búfalo. Surgirão ciúmes terríveis e avassaladores, que podem ceder espaço a todas as traições. Ele não julgará seu papel tal qual o entende o Cavalo Fêmea.

... e ele é Tigre. O Tigre será um intrépido e romântico namorado, tal qual agrada ao Cavalo e ambos poderão ser fiéis até o final. Matrimônio a recomendar.

... e ele é Coelho. Não, O Coelho paralisaria o Cavalo, que necessita movimento como o ar que respira. Ela seria o elemento ativo e ele o passivo, e ambos atuariam por conta dos interesses de sua personalidade.

... e ele é Dragão. Será uma união afortunada. O Dragão encontrará no Cavalo esse admirador rendido sem o qual não poderia viver, e o Cavalo encontrará o conselheiro que necessita.

... e ele é Serpente. Seus caracteres são muito díspares. Ao Cavalo agrada a vida de sociedade, as recepções, as celebrações, a companhia. À Serpente, a solidão lhe encanta, pois rodeada de muita gente se aborrece terrivelmente. Melhor, não tentar a união.

... e ele é Cavalo. São muito idênticos, é claro. Melhor que se façam irmãos, que marido e mulher. Mas não se exclui que consigam estabelecer boa harmonia. O mal é se cada um do seu lado criar associações paralelas e rivais, já que o Cavalo sente a necessidade imperiosa de unir gente; não importa o objetivo.

... e ele é Cabra. Não é a melhor das combinações, mas o matrimônio pode funcionar. O Cabra aportará profundidade aos objetivos do Cavalo e este facilitará a vida econômica daquele.

... e ele é o Macaco. Há um bom entendimento entre esses dois signos e um afã em comum de fazer coisas. Mas o Lar ficará muito descuidado, já que cada qual terá coisas muito mais importantes a fazer, a seu juízo, é lógico.

... e ele é Galo. União desaconselhável. O Galo, com seu pessimismo, romperia todos os impulsos criadores do Cavalo que acabaria a seu lado convertido num mulo. E se ele é Cão? O Cão é, talvez o animal por quem mais amor sinta o Cavalo. Mas o Cão é difícil de se sujeitar sentimentalmente e será uma empresa árdua para o Cavalo ajustar-se ao Cão. Deverá ser liberal e permissivo para que a união funcione.

... e ele é Javali. O Javali sente ardente paixão pelo Cavalo. Se este descobre que ela é seu calcanhar de Aquiles, pode fazer do Javali seu escravo. Que procure o Javali ocultar esse seu segredo.

Se ela é Cabra...

... e ele é Rato. A liberdade do Rato se verá consideravelmente diminuída ao lado de uma Cabra. E não só sua liberdade, mas sua conta bancária. A Cabra costuma ter amores inconfessáveis, a menos que se trate de um elemento superior e suas paixões custem muito caras.

... e ele é Búfalo. Serão duas intransigências, frente a frente, e o Búfalo levará o prejuízo. Além disso, a Cabra cometerá seguramente numerosas infidelidades. A combinação ao revés é a que avança.

... e ele é Tigre. O Tigre pode se converter num mero objeto erótico em mãos da Cabra. Com o Tigre, a Cabra será fiel, porque seus ardores passionais se verão domados, mas o Tigre se sentirá sempre com ela em situação de inferioridade.

... e ele é Coelho. A combinação ao contrário, ele Cabra, ela Coelho, é a que funciona melhor. A Cabra impõe-se sempre ao Coelho, apesar dos subterfúgios deste para se evadir de suas responsabilidades.

... e ele é Dragão. O Dragão há de satisfazer a vaidade da Cabra, mas uma vez estabelecido o vínculo, ela irá ao seu e o Dragão, que apesar de não ter um grande poder amoroso, pode se converter num marido enganado, com grave prejuízo para a posição social e política do Dragão, já que a oposição rirá com gosto dos seus problemas conjugais.

... e ele é Serpente. Esta combinação é apropriada no plano da amizade, mas, as virtudes de um e outro signo se complementam, porém ambos se sentirão incompreendidos, e um reprovará eternamente a atitude do outro.

... e ele é Cavalo. O encanto do Cavalo não atua sobre a Cabra, e só por destino se casarão porque serão seus próprios problemas. Coincidirão em suas virtudes, mas também em seus defeitos.

... e ele é Macaco. Ele encontrará no Macaco seu banqueiro natural, o homem sempre disposto a pagar a fatura. Isso facilitará enormemente as relações entre eles e até parecerá que se entendem.

... e ele é Galo. Entre eles cabe a amizade, mas não o amor. A relação entre eles bifurcará rapidamente até o companheirismo.

... e ele é Cão. A combinação não funcionará, pois ambos são incompatíveis em seu modo íntimo de ser. São dois universos sem ponto de contato entre si.

... e ele é Javali. A Cabra está romanticamente enamorada do Javali e vê nele seu ideal humano. É capaz de ser generosa e desprendida com ele. Quanto ao Javali, o essencial para ele é que a gente se sinta bem ao seu lado, porque pessoalmente se sente à vontade com todos. Se Cabra o amar, ele corresponderá, ainda que o Javali, em matéria de amor, jamais dê exclusivas.

Se ela é Macaco...

... e ele é Rato. O Rato mostra-se muito obediente com o Macaco, mas a relação será um pouco maternal. Será mamãe Macaco e bebê Rato, uma espécie de jogo que ambos interpretarão com prazer.

... e ele é Búfalo. O Macaco seduz sexualmente o Búfalo e este, no plano prático, pode render iminentes serviços ao Macaco. Se o Búfalo tem inquietações espirituais encontrará no Macaco seu mestre.

... e ele é Tigre. Sim, funcionará porque o Macaco tem um coração de ouro e saberá perdoar tudo o que o Tigre possa lhe fazer; tudo absolutamente tudo. Para o Tigre, o Macaco será um exemplo vivo de superação e de sublimação dos baixos instintos.

... e ele é Coelho. A combinação ao inverso funciona melhor, mas pode igualmente andar neste sentido. Indubitavelmente, será o Macaco quem mais compreenderá as particularidades do Coelho a ponto de desculpar suas preguiças e fantasias.

... e ele é Dragão. União feliz no altruísmo do Macaco, o Dragão encontrará razões para melhorar sua qualidade humana e tornar mais proveitosa sua ação.

... e ele é Serpente. É uma confrontação muito particular. Ambos andam juntos, mas seguindo caminhos distintos que não chegam a se encontrar jamais. É como se estivessem em duas vertentes de uma mesma montanha, a uma mesma altura, mas contemplando paisagens diferentes. Cada um pretenderia que a sua fosse mais real do que a que vê o outro.

... e ele é Cavalo. A combinação presta-se mais à amizade do que ao amor. Ambos se conhecem demasiado bem para que possa existir essa ilusão amorosa que une cegamente. Tratar-se-á de um amor amizade e de uma solidariedade a toda prova para ambas as partes.

... e ele é Cabra. À Cabra lhe desgastarão muitas brigas com o Macaco, que deverá suportar seu "amor" em virtude de uma dívida cármica contraída com ele em passado remoto.

... e ele é Macaco. Estarão sempre nas nuvens, mas dispostos a cruzá-las para irem ao encontro da pureza dos céus. Haverá muito idealismo nessa união e juntos realizarão importantes obras.

... e ele é Galo. Não tem nada em comum um com o outro, nem em seus ideais nem em seus caracteres nem em seu destino. Far-se-iam um fraco serviço humano, unindo-se.

... e ele é Cão. Ambos são fantásticos construtores de castelos na areia e edificadores de castelos de baralho. Viveriam mais de ilusões do que da realidade, mas não necessitariam nada mais para serem felizes.

... e ele é Javali. Ali, onde o Macaco termina seu caminho humano, é precisamente onde começa o Javali, que é seu prolongamento natural. O Javali é o futuro do Macaco, mas não seu presente.

Se ela é Galo...

... e ele é Rato. A combinação é mais promissora do que a inversa, mas de todos os modos, traz escassa felicidade. Ambos devem fazer enormes concessões para que a vida seja levada, no entanto o Galo não estará disposto a fazê-las e o Rato, por temperamento, não poderá fazê-las.

... e ele é Búfalo. Serão dois perfeitos enamorados, pois haverá mais amor por parte do Galo do que por parte do Búfalo, que se sentirá sempre um pouco distante e pensará que poderia ter escolhido melhor partido.

... e ele é Tigre. O Tigre ama a Galo com paixão e seria capaz de se perder por ele, mas o Galo sente-se indiferente a essa "explosão" e tudo fará para utilizar o Tigre em causa própria...

... e ele é Coelho. A combinação contrária é a boa. Aqui os papéis estarão invertidos, e é de temer que se produzam incompatibilidades que levem ao naufrágio da união.

... e ele é Dragão. No plano prático essa união dará muito resultado. O Dragão triunfará mais facilmente graças à colaboração do Galo que será a perfeita secretária que lhe preparará com esmero os dossiês e sem ciúmes pelo triunfo do companheiro.

... e ele é Serpente. Será um matrimônio de velhos, ainda que ambos tenham 20 anos, a Serpente compraz-se em companhia de pessoas de mais idade e não seria estranho que o Galo fosse um "retrô". Se compreenderão e isso é o essencial.

... e ele é Cavalo. Tem muito pouco em comum, para não dizer nada e muito melhor para eles se não chegarem a coincidir na vida, no terreno amoroso.

... e ele é Cabra. O Cabra costuma ser o melhor amigo do Galo e por este ser um animal muito atraente, a amizade pode desembocar no amor. Cabra sente-se protetora do Galo, que não oculta ante ele suas debilidades.

... e ele é Macaco. A combinação funcionará. Ele extrovertido, ela, introvertida, terão cada um os seus domínios reservados, ela no lar e ele a lutar por seus ideais.

... e ele é Galo. O defeito principal do Galo é a tristeza, o pessimismo. Precisa de alguém que o anime, que lhe infunda otimismo. Se o Galo se encontrar associado amorosamente a outro Galo, quem lhe tirará a tristeza? Ainda que haja afinidade temperamental, essa mesma afinidade é a que desaconselha o matrimônio.

... e ele é Cão. São dois mundos que se combatem. Ainda que essa combinação seja mais afortunada do que a contrária, não é aconselhável. A ela lhe pareceria mal tudo o que constituísse sua grande ilusão e a justificativa mesma de sua vida...

... e se ele é Javali. Sim, a coisa funcionará. O Galo aportará muita estabilidade à vida do Javali e uma ordem que permitirá ao Javali despreocupar-se das coisas materiais para se entregar à vida superior. E dessa aventura espiritual participará o Galo.

Se ela é Cão...

... e ele é Rato. No Cão há mais profundidade, uma dimensão espiritual mais ampla, e o Rato vai mais lançado às realizações puramente humanas. Faltará algo nessa união.

... e ele é Búfalo. À sede de novidades do Cão, o Búfalo responderá com uma vida tranquila, sossegada, dominada pelos hábitos. O Cão estourará literalmente nesse ambiente. Não será possível a continuidade na união...

... e ele é Tigre. O Tigre é o homem ideal para o Cão. O que mais admira nele são seus logros, seus êxitos de prestígio, que é precisamente o elemento que falta ao Cão, porque é demasiado original e se vê incompreendido. A união funcionará.

... e ele é Coelho. Poucas chances de viabilidade. A combinação inversa é mais afortunada. Não obstante, o Coelho vê-se atraído sexualmente pelo Cão.

... e ele é Dragão. Ambos formam um eixo que fará com que se unam pelo melhor ou pelo pior. Essa combinação é mais afortunada do que a contrária. Graças à influência do Cão, seu parceiro pode se transformar num Dragão de Esquerdas, coisa verdadeiramente original.

... e ele é Serpente. A Serpente exerce grande poder sedutor sobre o Cão. Um poder verdadeiramente encantador, e graças a esse recurso a união pode ser feliz.

... e ele é Cavalo. Sim, mil vezes sim. Ambos estabelecerão uma feliz colaboração. O Cavalo é um amante inato do Cão, e a ele a atividade do Cavalo lhe será muito útil e poderá levá-lo cavalgando à conquista da celebridade.

... e ele é Cabra. Poucas possibilidades de entendimento, para não dizer nulas. O Cão nada pode fazer pelos problemas psicológicos da Cabra, que é demasiado ciumenta para tolerar a liberdade com que se move o Cão.

... e ele é Macaco. São muito próximos nesse aspecto intelectual e espiritual, mas seu sentido prático é nulo, e essa união só será concebida se ambos tiverem rendas asseguradas.

... e ele é Galo. Combinação desafortunada, já que o Galo terá responsabilidades sociais e receberá em sua casa personalidades importantes, muito fechadas e muito dentro dos princípios. Não lhe convém uma esposa Cão que, pela sua originalidade e seu lado excêntrico, a deixaria deslocada.

... e ele é Cão. Sim, pode ser. Ambos viverão o "viver como quiser", numa total desordem, mas serão felizes. Seria conveniente a eles se instalarem numa comunidade hippie ou em qualquer outra em que se vivesse sonhando com o futuro.

... e ele é Javali. Saberão compreender-se mais do que se amar. O Javali facilitará a vida material do Cão com aportes econômicos, e o Cão enriquecerá esse mundo oceânico do inconsciente que o Javali desenvolve e que tão amiúde facilita a mobilidade da sua ação.

Se ela é Javali...

... e ele é Rato. O Javali metamorfoseia-se com facilidade e adota a postura do animal que enfrenta. Muito mais ainda quando o Javali é feminino. Com o Rato, será um Rato, mas, contudo, nos momentos transcendentais saberá atuar com a consciência do Rato, quer dizer, com o freio que o impedirá de ser perigosamente audaz.

... e ele é Búfalo. O Javali é o confidente natural do Búfalo, que não tem segredos para ele, mas o Javali, sim, e sabe calá-los, de modo que o Búfalo viverá sempre feliz e terá a impressão de que seu parceiro também é.

... e ele é Tigre. Concebe-se, é plausível, ainda que não aconselhável. O Javali deveria transformar-se muito, além do razoável, para que a união tivesse aparência de perfeita.

... e ele é Coelho. O Coelho é o grande amor da vida do Javali, ambos são de signo passivo; se deixarão levar pela corrente da vida, sem que a nenhum deles se lhes ocorra empunhar os remos, confiando tudo à boa estrela.

... e ele é Dragão. Com o Dragão o Javali ficará contente como se houvesse ganhado na loteria e presumirá ser com ele tal qual a criança com o brinquedo que acaba de ganhar. Não importa que se em questões de temperamento eles sejam muito distintos, porque o Dragão encontra-se sexualmente escravizado pelo Javali. E a este não lhe importa muito a quem escolhe. Assim quis o destino, e já está decidido.

... e ele é Serpente. Também se entenderão. Em pouco tempo, o Javali será tão maníaco como a Serpente, senão mais e praticarão o vegetarianismo e a higiene com suma perfeição.

... e ele é Cavalo. O Cavalo terá a tendência de utilizar o Javali para seus fins pessoais, contudo não sabe a que classe de animal se aliou. E o Javali acabará se rebelando, a menos que o Cavalo modifique sua atitude, pois do contrário a união não funcionará.

... e ele é Cabra. União feliz em um tanto por cento muito elevada. O Javali exercerá influência tranquilizadora sobre a Cabra, enquanto que esta o obrigará a se mover, a pensar, fazendo que seus ideais sejam ativos.

... e ele é Macaco. Em teoria, a união há de funcionar, mas o caminho humano que ambos traçam costuma ser muito distinto, e por razões de Destino essa união não costuma dar os frutos esperados.

... e ele é Galo. Aliança estabilizadora para o Javali, ainda que reduza consideravelmente suas perspectivas intelectuais. Será uma união tranquila sem sobressaltos.

... e ele é Cão. Sim, ambos descobrirão mundos novos. O Cão saberá tirar o melhor partido possível das particularidades do Javali.

... e ele é Javali. Entender-se-ão às mil maravilhas. Estarão de acordo em tudo, mas sendo felizes com muito pouco, nenhum deles sentirá a inquietude de conquistar o mundo. Se o objetivo da vida for percorrer um itinerário até a meta ideal, é de temer que esses dois não o percorrerão.

Que profissão escolher conforme seu signo

SE É RATO. Deve dirigir-se às empresas novas e audazes. As profissões mais indicadas são as de militar, industrial, ocupando-se de ferro e de fogo, siderurgia, construções militares. Pode triunfar sendo um desportista ou dedicar-se à venda de objetos desportivos ou à representação desses mesmos objetos. Pode ser trabalhador siderúrgico ou explorador, alpinista ou escritor, sobretudo de livros de viagem.

SE É BÚFALO. Quase todas as atividades artísticas lhe estão abertas: de escultor, pintor, cantor. Pode também ser arquiteto, engenheiro, agricultor, banqueiro, pedreiro, granjeiro, lavrador, artesão, desenhista, fotógrafo, cozinheiro, cabeleireiro, dentista, representante imobiliário. Ou trabalhar numa agência imobiliária ou ainda num ginásio ou numa organização para nudistas.

SE É TIGRE. Os nascidos sob o signo do Tigre podem ser despachantes, intermediários, intérpretes, viajantes de comércio, comerciantes especialistas, chapeleiros, conferencistas, oradores, jornalistas, sobretudo jornalistas, publicitários, literatos, empregados ou proprietários de uma agência de turismo, de uma agência de transportes, de uma distribuidora de jornais ou de um quiosque; trabalhar em assuntos relacionados às comunicações (serviços de correios e telégrafos, imprensa), fabricação de papel ou obter qualquer representação.

SE É COELHO. Os nascidos sob o signo do Coelho podem realizar qualquer profissão relacionada com águas minerais ou águas potáveis, relacionada com os lagos, os canais, os pântanos, as centrais térmicas, os mananciais; podem ser marinheiros de água doce ou comerciantes vendendo os produtos da estação. Os empregos do lar cabem também nesse domínio. Podem buscar igualmente a solução de sua vida sendo empregados de um grande armazém onde se vendam artigos relacionados com os já citados. É favorável também à profissão de modelo, de modista, de decorador de interiores, de antiquário. Também se recomendam as profissões de publicitário, ator, advogado, magistrado ou pesquisador de solos.

SE É DRAGÃO. Pode ser ator ou atriz, homem público, embaixador ou diplomata, chefe de protocolo de algum departamento de Estado, mestre, educador, catedrático, pesquisador, agente da bolsa, promotor de espetáculos, crupiê de um cassino ou de um centro de atrações para turistas. Qualquer profissão relacionada com jogos encontra-se em harmonia com seu temperamento.

SE É SERPENTE. Pode ser empregado de um laboratório, secretária ou secretário, enfermeiro, médico, cirurgião, farmacêutico, químico, físico, fotógrafo, mecânico de precisão, relojoeiro, comerciante especializado, vendedor de aparelhos sanitários, de aparatos fotográficos, de aparatos para física e química, crítico literário, colecionador, sábio distraído, herbanário, tradutor ou vendedor de artigos de higiene, escritor, jurista, psiquiatra.

SE É CAVALO. Pode ser chefe sindicalista, designer de moda, cabeleireiro de luxo, joalheiro, músico, poeta, contador, agente de seguros, advogado, juiz, agente de matrimônio, florista, decorador, comerciante de artigos de luxo, artesão, economista, diplomata, político.

SE É CABRA. Pode encontrar emprego em todas as indústrias de transformação, siderurgia, petróleo, gás, gasolina, refinarias, trabalhar com cristais, cerâmicas, esmaltes, fabricantes de ácidos, de essências, de gelatina, de explosivos. Pode ser tintureiro, militar, agente secreto, marinheiro de submarinos, açougueiro, charcuteiro, coveiro, espião, agente duplo, detetive particular, dentista, arqueólogo, oceanógrafo, oculista, boxeador, pintor, artista.

SE É MACACO. Pode ser mineiro, operário de pedreiras, trabalhar numa fábrica de cimentos ou numa imobiliária, administrador de sociedades financeiras, funcionário da administração estadual, presidente, diretor geral de uma sociedade, chefe de seção num banco, engenheiro de obras públicas, engenheiro e minas, diretor ou operário de uma fábrica têxtil, ministro, diplomata, engenheiro agrônomo, guarda-costas, vigilante noturno, agente policial.

SE É CÃO. Pode ser inventor, descobridor, renovador, organizador de sindicatos e cooperativas, mutualista, empregado da eletricidade. Ou vendedor de objetos elétricos, de rádio ou de televisão, cineasta, ator ou diretor, expert de tudo que se relacione a ondas, à acústica, engenheiro mecânico, taxista, automobilista, operário numa fábrica de automação, aviador ou construtor de aviões, de trens ou agente de seguros, todas as profissões relacionadas com o mundo moderno, com o audacioso, com a vanguarda estão abertas a ele. Escritor de novelas de ciência de ficção, cientista, erudito, sábio atômico.

SE É JAVALI. Pode ser marinheiro, hoteleiro, responsável pelo café, enfermeiro ou trabalhar num hospital ou numa penitenciária, trabalhar num posto de gasolina ou ser seu proprietário, trabalhar em grandes armazéns ou ser o proprietário. Trabalhar em algo relacionado com o tabaco e com as drogas. Pode ser cozinheiro, agente num asilo ou num presídio, irmã de caridade, anacoreta, oculista, curandeiro, agente especial, homem de negócios. Todas as profissões relacionadas com o mar e com a exploração das áreas marítimas.

O Signo Chinês e o Ocidental

Se nasceu sob o signo do Rato e é de:

ÁRIES. Será um super-Rato, verdadeiro zorro que sentirá a necessidade de lutar por alguma causa. É recomendável que seja militar ou policial, de modo que a agressividade possa ser canalizada positivamente, dentro da ordem social.

TOURO. Terá muito sentido prático e saberá nadar e guardar a roupa, como costuma se dizer. Mas seu inconsciente pode levá-lo a dar um passo errado, já que a agressividade se movimentará por dentro.

GÊMEOS. Será muito audaz, talvez, excessivamente e pode cair numa armadilha. Deve raciocinar antes de operar, não deixar que os instintos cheguem mais além do que sua razão lhes permite.

CÂNCER. Quererá a todo preço realizar seus sonhos, mas talvez o que pede à vida seja excessivo. Procure moderar-se e deixar bem separados os sonhos da realidade.

LEÃO. Quererá governar de modo forte, será partidário do machismo e o cultivará ativamente, tanto seja homem quanto mulher. Procure manter o freio em mãos para fazer marcha ré, se convier e não seja impaciente.

VIRGEM. Suas buscas são práticas e será muito hábil para se aproveitar do trabalho dos demais. O triunfo lhe virá muito cedo na vida.

LIBRA. Buscará o interesse dos demais antes do seu próprio e despenderá mais energias em defesa de outros. De certo modo, você mesmo será seu próprio rival.

ESCORPIÃO. A combinação dos dois signos dá resultados muito violentos, procure fugir das situações violentas e não creia em ninguém sob nenhum pretexto. Fuja de trabalhos perigosos e seja muito prudente em qualquer ocasião.

SAGITÁRIO. Será um Sagitário enamorado a que lhe agradará muito a farra e a boa companhia. Brincalhão por natureza, será muito procurado pelas pessoas do sexo contrário e se casará muito cedo, talvez forçado pelas circunstâncias.

CAPRICÓRNIO. Estará cheia de contradições, quererá fazer uma coisa e seu contrário ao mesmo tempo. Tão logo avance um passo, logo se arrependerá dramaticamente por tê-lo feito. Sua severidade o projetará para situações conflitantes com o desejo inconsciente de se autocastigar.

AQUÁRIO. Será conhecida por seus escritos e seus pensamentos que são de grande originalidade. Expõe as coisas de um modo agressivo e sedutor. Mas sua pena lhe valerá muitos inimigos, procure se moderar.

PEIXES. Saberá tirar partido do misticismo. Se ouvir de alguma vidente que tem aparições, veja e ponha uma barraca de churros para tirar proveito da aglomeração que logo se formará. Sua vida estará cheia de escória.

Se nasceu sob o signo do Búfalo e é de:

ÁRIES. Terá uma imaginação superpoderosa de tal forma que se verá obrigado a mentir para dar passagem a esse mundo interior que ameaça constantemente a transbordar.

TOURO. Buscará o conforto a todo custo e será capaz de qualquer coisa, de qualquer pacto para obtê-lo. Venderia sua alma ao diabo, se fosse preciso. Com toda segurança encontrará pessoas que o facilitarão a você. Mas, corre o risco de se ver encerrado numa jaula de luxo.

GÊMEOS. Sentirá a necessidade de andar, de correr, de viajar pelo mundo, mas se cansará muito rápido. Exigirá bilhete de primeira classe e hotéis cinco estrelas. Modere um pouco suas ambições e não leve a sério isso de ser monstro sagrado na sua profissão.

CÂNCER. Será muito passivo, excessivamente passivo. Esperará que os demais lhe tragam as coisas resolvidas. Necessita a seu lado de uma pessoa muito ativa e sua principal missão na vida consistirá em buscá-la. Tem que fazer muito exercício físico.

LEÃO. Com toda segurança será um grande chefe, respeitado e querido por todos. As ocasiões de escalada serão muito numerosas e encontrará muito apoio em pessoas do sexo contrário que o ajudarão em troca de amor.

VIRGEM. Possui a faculdade de saber se expressar, de dizer as coisas de um modo agradável. Pode ser um grande divulgador científico e ter fama mundial nessa especialidade.

LIBRA. Saberá tirar partido das circunstâncias. Terá rara habilidade para tornar rentáveis as relações com os demais. Receberá muitos presentes da vida. Quase tudo lhe será dado sem o menor esforço. É uma pessoa com muita sorte.

ESCORPIÃO. Búfalo excessivamente dominador. Quer tudo e no mesmo instante. Em troca dará muito pouco ou nada aos demais. Perigo de solidão no final da vida.

SAGITÁRIO. Em si se mesclam harmoniosamente o idealismo e o sentido prático. Fará grandes coisas na vida. Não se limitará a lançar ideias, mas a realizá-las.

CAPRICÓRNIO. Se sua natureza de Búfalo é que domina, será um capricórnio muito divertido, excessivamente; assombrará os demais. Em troca, se é a natureza capricórnio a que sai triunfante, será um Búfalo aborrecido e não há nada pior do que esse animal quando se põe triste.

AQUÁRIO. Pode ser um escritor célebre, de grande originalidade, poderia escrever novelas de ficção científica, mas também tratar de temas sociais e ser uma verdadeira dinamite para as convenções.

PEIXES. Deverá buscar o meio-termo, entre seu afã de conforto e seu afã de renúncia. Se predominar a natureza de peixes, será um místico cheio de tentações. Se for de Búfalo a dominante, se concederá muitos prazeres, mas terá complexos.

Se nasceu sob o signo do Tigre e é de:

ÁRIES. Será um Tigre excessivamente audaz e terá problemas por isso. Não saberá conter sua natureza em alguns limites determinados e irá mais além das suas possibilidades. Deverá aprender a frear.

TOURO. Será muito prudente com o que aumentará a diplomacia. Saberá tocar os temas mais espinhosos, sem ferir a suscetibilidade de ninguém. Isso há de lhe valer muitos triunfos na vida.

GÊMEOS. Será muito livre para realizar seu programa. Todas as potencialidades que traz consigo poderão ser exteriorizadas sem restrições. É uma pessoa cem por cento de ação e basta falar para que tudo lhe saia bem.

CÂNCER. Terá um inimigo perigoso a vencer: a preguiça. Pela preguiça, por desejos de bem-estar, ficará em casa em vez de buscar os caminhos à procura da grande ocasião que lhe dê notoriedade. Muitas das suas competências ficarão sem expressão.

LEÃO. Desfrutará de muito apoio na vida. Muito cedo virá seu triunfo, seu senso prático e sua diplomacia lhe permitirão saber a todo o momento o que deve ser dito e o que é preciso calar. Isso é muito importante, porque o Leão tem tendência a exteriorizar pensamentos perigosos ou imprudentes.

VIRGEM. Será um sábio divulgador, possuirá a faculdade de ir a fundo das coisas e ao mesmo tempo de fazê-las compreensíveis para seus semelhantes. Terá grande projeção social.

LIBRA. Estará viajando constantemente. As coisas lhe sairão bem, longe da sua cidade e fará relações muito interessantes no exterior. É preciso que se organize em nível internacional, que possa animar um clube de amigos, uma agência matrimonial ou um partido político internacional.

ESCORPIÃO. Não terá problemas de dinheiro e isso será muito importante para você, já que poderá se dedicar ao campo intelectual e ao espiritual, a explorar outros mundos, mas que não seja o mundo físico. Seus aliados na Terra lhe darão tudo pronto.

SAGITÁRIO. Ver-se-á devorado por enorme ambição. Em vez de projetar os ideais para cima, projetá-los-á para baixo. Irá converter-se num líder, mas, talvez, isso que será bom para você não venha a ser aos demais.

CAPRICÓRNIO. Ver-se-á ajudado por um espírito sutil que lhe permitirá detectar imediatamente os erros que possa cometer. Ver-se-á menos afetado pelas catástrofes que possa sofrer a classe social a que pertence ou a classe administrativa em que milita.

AQUÁRIO. Facilidade para as criações. É um inventor inato, mas muitas vezes não encontra o apoio suficiente e necessário para pôr em prática seus inventos. Se pertencer ao signo do Tigre, fará que o contexto social se preste a esse tipo de realizações. Ganhará muito dinheiro com seus inventos.

PEIXES. Sentir-se-á impelido a ir a um mundo que não é o seu, e quando bater às portas, o fará fora de hora. Procure não sair da sua linha do Universo e fazer compatíveis as duas naturezas.

Se nasceu sob o signo do Coelho e é de:

ÁRIES. Será um Coelho muito agressivo e ao mesmo tempo Áries muito sonhador. Ambas as naturezas são diferentes e con-traditórias. Qual será a que dominará a outra? Conflitos de caráter muito difíceis de resolver.

TOURO. Seu poder magnético será enorme e o que não consiga você, ninguém o conseguirá, no que se refere às conquistas do sexo contrário, é claro. Todos os amigos o invejarão e só por isso será feliz.

GÊMEOS. Tem um inconsciente tremendo que o impulsiona a um mundo que não é o seu. Seria um pouco o doutor Jeckill e Mister Hyde. Tente evitar que esse inconsciente o amarre.

CÂNCER. É o Coelho mais Coelho da criação, um Coelho que só pede carícias e que dá felicidade a quem quer que lhe passe a mão pelo focinho. Sua debilidade será sua força. Utiliza o magne-tismo para captar vontades. Os demais farão por ele o que você não estaria jamais disposto a fazer por eles. E viverá feliz, ainda que os outros se queixem.

LEÃO. Sua natureza Coelho será um freio terrível para você, não poderá conquistar certas alturas. Terá que permanecer nos vales, nas administrações, nas chancelarias. Mas sua ambição de ser primeiro talvez se veja um pouco desfraldada.

VIRGEM. Sua intuição lhe permitirá ir mais longe nas análi-ses e tirar deduções que os demais companheiros de profissão se-guramente não apanharão. É possível que o tratem feito sonhador.

Que seja um pouco o patinho feio da história, mas terá a satisfação de haver chegado mais além em suas deduções.

LIBRA. Terá muita mão esquerda, talvez, demasiada. Faltar-lhe-á sinceridade. E ainda que logre, graças ao seu objetivo de juntar vontades, quando se descubra o mal entendido, sua organização poderá ruir. Pense nisso.

ESCORPIÃO. Sua imaginação estará no poder e viverá um pouco uma vida surreal. Não será uma pessoa igual às demais. Terá algo de misterioso que atrairá poderosamente, sobretudo, se for do sexo feminino.

SAGITÁRIO. A sua imaginação une-se à intuição, para penetrar noutros universos, mas isso o atirará muito longe do mundo real. Foi feita para compreender as coisas doutras esferas. Viverá numa nova dimensão.

CAPRICÓRNIO. Seus miados queixosos não comoverão ninguém. Não passe a vida queixando-se de algo. Reaja, saia dos próprios problemas para se interessar pela vida dos demais. Tem uma missão social a cumprir e deve realizá-la. Quando compreender isso, todos os seus males desaparecerão.

AQUÁRIO. Sua capacidade realizadora se unirá a uma intuição muito afinada. Mas se interesse mais pelas coisas secundárias do que pelas grandes ideias, capazes de lançar a humanidade inteira para outros mundos. Será um criador de objetos práticos, de abridores de lata instantâneos, de aparatos ultrarrápidos e ultracômodos para espremer limões e coisas do estilo.

PEIXES. Sua natureza passional se verá exacerbada. Em vez de amar a humanidade em geral, a amará em particular, indivíduo por indivíduo. E de sua vida amorosa poderão escrever-se vários volumes, ainda que fossem escritos, é provável que lhes proibisse a censura.

Se nasceu sob o signo do Dragão e é de:

ÁRIES. Haverá mais estabilidade em sua vida e se sentirá mais integrado ao mundo que é o seu. Ver-se-á ajudado pelas pessoas queridas que desempenharão papel considerável na sua existência. Graças a elas, chegará muito alto.

TOURO. Será uma personagem de desfile, de opereta, indispensável nos grandes rituais da sociedade. Além de que terá uma bela voz e poderá ser um cantor famoso e grande figura na ópera. Parece que tem todos os dons para ser um grande ator.

GÊMEOS. Sua autoridade será enorme no ambiente profissional e que se move. Será ouvido e eleito feito árbitro, nos momentos de conflito.

CÂNCER. De alguma forma o fará, mas ganhará muitíssimo dinheiro em sua vida. Sua situação econômica será brilhante. Seja qual for o nível social em que comece a vida, sem dúvida se produzirá grande elevação.

LEÃO. Será excessivo em todas as suas manifestações, em todas as suas empresas. Deverá se conter, dominar a agressividade. Caso não o consiga, seu destino de líder se verá imediatamente comprometido e todos procurarão um modo de descartar você. Ser mais comedido deverá ser seu objetivo.

VIRGEM. Esse Dragão será o perfeito planejador. Sua política consistirá no possível, será todo o contrário de um demagogo, e ainda que não seduza as multidões, será um homem de grande eficácia na administração do Estado e em sua vida privada. Ao seu redor as pessoas se sentirão seguras e felizes.

LIBRA. Saberá esconder perfeitamente, com palavras, suas verdadeiras intenções. É essa uma qualidade básica em diplomacia, de modo que poderá ser um grande diplomata e um hábil especulador, não tem mais que procurar para que tudo esteja a serviço do bem.

ESCORPIÃO. É o Dragão quem ocultará sempre algo na formação de sua personalidade. Apenas iniciará a realização de algo, que já nas suas raízes obscuras se estará forjando a arma que há de aniquilar essa realização. É um devorador de suas próprias obras. Um atormentado.

SAGITÁRIO. Esta combinação oferece garantia de realização das aspirações. O Dragão sagitariano busca o bem comum, mas do que acrescentar brilhantismo ao seu próprio brilho. É o mais ambicioso dos Dragões no que se refere a suas obras, mas ao mesmo tempo, o menos arrogante e o mais humilde.

CAPRICÓRNIO. Esse Dragão é o que passa mais despercebido. Dir-se-ia, inclusive, que nem sequer é Dragão, mas Galo, modesto Galo. Será o homem útil e eficaz onde quer que se encontre, sem se fazer pregador da sua própria importância.

AQUÁRIO. Esse é o Dragão Pombo-correio. O que se prepara e sozinho aproveita. Não necessitará de ninguém, porque ele mesmo possuirá as qualidades que complementam suas próprias virtudes. Saberá sair do próprio íntimo, quando for preciso. Mas, será um Dragão bastante solitário.

PEIXES. Esse é o Dragão que tende ao transcendente. Sim, poderá realizar estudos e seguir sua tendência vocacional, poderá chegar a bispo, inclusive a Papa. Se sua evolução seguir outro caminho, poderá ser chefe de uma seita agnóstica, de um grupo religioso independente. Poderá ser guru ou santarrão e viver rodeado de discípulos.

Se nasceu sob o signo da Serpente e é de:

ÁRIES. Há em você muita perfídia que deve ser erradicada de sua vida. Sua natureza sexual prepotente reduz sua capacidade de compreensão. Deve estabelecer um plano encaminhado a eliminar seus defeitos.

TOURO. As pessoas que o amarão serão simples e sinceras, muito eficientes, além de que, procure ser fiel a elas e as terá ao seu lado toda a vida.

GÊMEOS. Ver-se-á fortemente condicionado pelo que suceda no seu lar. Seu lar e sua vida íntima serão muito importantes para você. E é possível que freiem seus impulsos. Procure compaginar sua atividade profissional e suas ambições com as exigências da vida de família.

CÂNCER. Deve cuidar das suas opiniões, assim também do modo de dizer as coisas, porque criará inimigos pela sua forma de se expressar.

LEÃO. Ganhará facilmente dinheiro que virá de uma atividade pública. O povo será sua principal fonte de recursos. Esse povo pode lhe dar o dinheiro em forma de um bolão de apostas, de bilhete de loteria premiado. Pode ser um ganhador de loterias fabuloso.

VIRGEM. Suas manias, suas particularidades serão mais importantes do que tudo. É cem por cento uma Serpente vegetariana, segue um regime, uma higiene e está muito bem que seja assim. Mas se isso separá-lo do resto dos humanos, de sua família, de seus amigos íntimos, então é melhor que renuncie a esse regime, a essa higiene. É melhor que atue de forma que não seja um estorvo para suas relações com os demais.

LIBRA. Seu desejo de aparecer e de protagonismo ver-se-ão limitados pela sua consciência do dever. Saberá realizar algo muito importante que está mais além das aparências. E deverá sintonizar com esse aspecto profundo da sua personalidade. Entre a vida exterior e a vida interior busque o meio-termo.

ESCORPIÃO. Sua sede de conhecimentos o levará a uma extrema ousadia. A ousadia que teve Eva ao recomendar a Adão que mordesse a maçã. Seja atrevida e triunfará, tal parece ser a mensagem que convém a essa combinação.

SAGITÁRIO. Ver-se-á projetado para um objetivo social, a um objetivo concreto. Mas sua vocação é o abstrato, o que se encontra mais além do humano. Seu objetivo principal é espiritual, não social, de modo que essa combinação comporta uma limitação dos poderes do signo de Sagitário.

CAPRICÓRNIO. Essa combinação promete alta fidelidade. A Serpente se sentirá feliz, e o Capricórnio se sentirá compreendido e estimado. O coração e a mente caminham em uníssono para criar. Trata-se de uma pessoa perfeitamente integrada à sociedade.

AQUÁRIO. Num passado ancestral aprendeu muitas coisas que não são desse mundo. Conhecimentos transcendentes que não são desse mundo. Conhecimentos transcendentes sobre a organização cósmica. Ser-lhe-ão dados poderes nessa vida para que possa testemunhar o que já está em você. Sua missão será a de ensinar aos demais, ser mestre de uma ciência que não se ensina nas universidades.

PEIXES. Possui muitos conhecimentos que não são comuns à massa dos mortais. Sabe analisar e sabe sintetizar ao mesmo tempo. É um exemplar de humanidade pouco comum e deve ser um pouco professor para os demais. É um ser muito complexo e nada lhe faltará, mas, à medida em que saiba dar, poderá receber e se enriquecer em conteúdos humanos.

Se nasceu sob o signo do Cavalo e é de:

ÁRIES: Será demasiado agressivo para que possa ser um ponto de união entre interesses divergentes. Modifique sua atitude e não há dúvida de que conseguirá grandes coisas.

TOURO. Encontrará muitas facilidades para realizar seu programa, facilidades, sobretudo, do tipo econômico. É muito possível que cobre uma herança e ela venha resolver todos os seus problemas. Interessar-se-á pelo ocultismo, mais para presumir do que para outra coisa.

GÊMEOS. Viajará muito para coisas concretas, para resolver assuntos profissionais ou para resolver assuntos conflitantes. Suscitará muitos amores, mas permanecerá à margem da questão. Será amado, mas não amará.

CÂNCER. É uma combinação pouco afortunada. Suas aparições íntimas serão mais fortes do que tudo e não exteriorizará suas potencialidades, mas, sim, as interiorizará. Para uma mulher, a combinação poderá ser benéfica, posto que o destaque recairá sobre a vida caseira, mas para um homem, chamado a lutar contra o exterior, essa combinação de signos não poderá ser positiva.

LEÃO. Encontrará ao redor de si uma conjuração de boas vontades que o ajudarão a realizar suas ambições. Ser-lhe-á fácil persuadir pela palavra ou pela escrita. E pode chegar a ser um grande escritor famoso em temas jurídicos, sociais e políticos.

VIRGEM. Já possui uma série de conhecimentos que lhe vieram de outras vidas e se manifestam em forma de consciência. Leve em conta o que diz sua consciência no momento de agir. Se lhe desaconselharem a ação que vai empreender, obedeça; trata-se de uma pessoa que possui mais sabedoria do que crê, então, siga esses conselhos e orientações.

LIBRA. É uma combinação que proporciona muita liberdade de ação. Tudo o que traz dentro poderá ser vertido ao exterior. Será um grande animador da vida social de sua época. Uma pessoa a quem os demais deverão muito. Que tudo isso não estimule sua vaidade, porque resultaria negativo. Siga suas intenções em todo momento.

ESCORPIÃO. Ganhará muito dinheiro e com certa facilidade, dinheiro que lhe virá de empresas múltiplas, de trabalhos descontínuos. Será um Cavalo afortunado, porque ao mesmo tempo que ganhar o seu sustento, poderá aprender.

SAGITÁRIO. Ver-se-á rodeado de amigos múltiplos e muito úteis. Não os decepcione, iludindo-se. Aceite suas propostas e dessa forma poderá ter influência enorme sobre a sociedade. É uma excelente combinação.

CAPRICÓRNIO. Fortes correntes irão arrastá-lo à intimidade do lar, levando-o a renunciar à sua vida social. Sua família será um obstáculo para suas aspirações. Deve levar em conta que tudo isso se deve às limitações de suas potencialidades, em virtude de ações praticadas em vidas anteriores. Não queira se desvencilhar desta barreira natural.

AQUÁRIO. Liberdade total e absoluta para realizar suas aspirações, sobretudo, as que se referem a seu coração. Encontrará circunstâncias propícias que o ajudarão a realizar suas ambições. Vida feliz e produtiva.

PEIXES. Tem grandes ideias, grandes projetos, mas poucas possibilidades de realizá-los. Não obstante, essa combinação ofereça apoio econômico, vindo de pessoas do sexo contrário, sobretudo, se for homem. Não perca as esperanças e busque esses sócios capitalistas.

Se nasceu sob o signo da Cabra e é de:

ÁRIES. Propor-lhe-ão empregos e situações que foram feitos para você. Se os aceitar, logo se dará conta de que nada tem a ver com você. Não busque satisfações materiais, busque mais a realização de suas potencialidades. E saiba renunciar.

TOURO. Tudo aquilo com que sonhou se realizará paulatinamente. Tenha paciência, já que provavelmente deverá aguardar alguns anos para que seu destino se cumpra, mas com toda segurança se cumprirá.

GÊMEOS. As pessoas que dependem de você serão muito importantes. Em algum momento poderão tentar um golpe de Estado, não obstante, pouco podem contra você e serão derrotadas.

CÂNCER. Muitos amores em perspectiva, amores que corresponderão totalmente à sua forma de ser. Será uma combinação a oferecer felicidade e grande fecundidade. Se for mulher, terá muitos filhos.

LEÃO. Existe uma limitação em seu destino. Não poderá realizar suas potencialidades, algo ficará por fazer. Viva, sobretudo, com plena intensidade sua vida familiar e o demais lhe será dado por acréscimo.

VIRGEM. Encontrará circunstâncias propícias à realização de suas empresas. Do mesmo modo, gozará de muitas amizades que durarão toda a vida. Mas seus vizinhos serão ruidosos e implacáveis e poderá ter algum conflito com suas irmãs ou com seus primos.

LIBRA. Sua vida promete-lhe muitos amores secretos, amores que aumentarão sua vaidade e o lançarão muito longe de seus verdadeiros objetivos humanos. Perigo, pois, do lado do amor.

ESCORPIÃO. Suas iniciativas serão perigosas, duvidará sempre entre fazer isso ou aquilo e finalmente se equivocará na escolha. Se escolher o caminho da perfeição, nada há de detê-lo até chegar ao final. Não cabem termos intermediários, ou será alguém muito superior ou alguém muito inferior às suas possibilidades.

SAGITÁRIO. Terá muita habilidade para disfarçar as suas intenções, afastará o sublime com extrema maestria, mas na realidade se tratará de satisfazer aspirações íntimas, para não dizer suas paixões. Ganhará dinheiro com muita facilidade. Faça bom proveito!

CAPRICÓRNIO. A combinação dá lugar a muita sabedoria. O Cabra é menos Cabra e obedece mais a imperativos objetivos. As pessoas que o rodearão serão muito maduras, muito conscientes do que lhes convêm e darão ao Cabra bons conselhos. Um Cabra razoável não se vê muito e assombrará os que o rodeiam com toda certeza.

AQUÁRIO. Será o Cabra mais "progre" de quantos se tenham visto. Tanto "progre" que estará completamente fora de toda realidade, navegando em plena utopia.

PEIXES. Essa combinação ajudará poderosamente o Cabra a aceder aos extratos superiores do signo. A espiritualidade será mais forte do que as paixões e ficará convertido num verdadeiro apóstolo de uma doutrina superior. Os Cabras inferiores serão felizes no amor, e uma vida agradável os espera.

Se nasceu sob o signo do Macaco e é de:

ÁRIES: Poderá conseguir o que queira tanto no plano intelectual quanto no sentimental. Enamorar-se-á de um estrangeiro que lhe portará muitos conhecimentos concretos sobre o Universo. Será uma personagem de grande brilho, mas precisará estar muito longe do seu lugar de origem para coroar seu destino.

TOURO. Os prazeres, o dinheiro, são o que mais lhe importarão, mas se pertence à escala superior do signo, as realidades espirituais serão mais fortes do que tudo. É bem possível que seja muito infiel à pessoa mais querida, mas não será por sua culpa, senão o destino que o impelirá a essa infidelidade.

GÊMEOS. Terá tudo que deseja nessa vida, mas tudo o conseguirá com seu próprio esforço, sem a ajuda de ninguém. Não necessitará dos demais para cumprir seu destino e se envaidecerá disso. Como não os necessita, tampouco eles virão e será um ser solitário, a menos que renuncie um pouco a essa perfeição.

CÂNCER. Terá tudo o que queira, conforto e dinheiro. Tudo lhe será dado sem esforço próprio, graças a seus aliados, a seu cônjuge, às pessoas com as quais fará a sua vida, então, procure pelo menos prestar-lhes serviços.

LEÃO. Essa combinação permitir-lhe-á realizar plenamente suas aspirações. Inclusive muito mais além do sonhado. Sua ação pode se desenrolar num plano internacional e seu nome pode ser famoso no mundo inteiro.

VIRGEM. Sua vida familiar entorpecerá seus experimentos. Terá problemas íntimos. Trate antes de tudo de resolvê-los. Ao se livrar dos seus complexos, das suas obrigações, dos seus atavismos, dos seus hábitos, dos seus costumes, poderá render muito mais e ser mais livre.

LIBRA. Combinação favorável aos amores, aos afetos, à paternidade ou à maternidade, aos filhos. A vida sentimental será a mais importante, mas seu papel social pode se ver consideravelmente diminuído.

ESCORPIÃO. Essa combinação lhe permitirá ganhar dinheiro, no caso de identificar-se mais com Escorpião do que com o signo do Macaco. Se for o Macaco, o que sai triunfante, terá um inconsciente cheio de problemas e de complexidades. Não saberá muito bem onde encontrar o norte, a menos que saiba renunciar a suas paixões.

SAGITÁRIO. Seu idealismo é um idealismo integral, sem concessões ao mundo em que vive. É um puro entre os puros, mas caso não aceite compromissos, fará impossível toda integração à sociedade. Será um filósofo marginalizado, incompreendido, mas seguramente viverá muito feliz.

CAPRICÓRNIO. Ver-se-á limitado em suas ambições, tanto ao se identificar com o signo do Zodíaco Chinês quanto com o signo ocidental. Se o Capricórnio for forte, seu idealismo limitará sua eficácia no plano prático. Se o Macaco for mais forte, toda sua estratégia se orientará a ganhar dinheiro, em detrimento da utilidade e do serviço que possa render.

AQUÁRIO. Feliz combinação de signos que irá permitir atuar no plano prático. Sua filosofia poderá se pôr à moda como a de Marcuse e arrastar entusiasticamente toda uma geração. Suas capacidades inventivas encontrarão sua maior possibilidade de realização na filosofia.

PEIXES. Se a influência de Peixes for dominante, sua vida profissional será muito ampla. Seu caminho está no exterior, nas viagens. Se o que domina for o Macaco, suas necessidades de vida íntima e de família o impedirão, de certo modo, de realizar suas aspirações filosóficas.

Se nasceu sob o signo do Galo e é de:

ÁRIES. Será o principal inimigo de si mesmo. Tudo o que fizer será dirigido contra você. E deve procurar harmonizar seu destino, tomando consciência desse problema.

TOURO. É uma pessoa que se basta a si mesma de modo total e absoluto. Não necessita dos demais, tem rara capacidade de se enriquecer. Se nascer pobre, com toda segurança chegará ao final de sua vida muito rica, o que lhe faltarão, talvez, sejam os amigos.

GÊMEOS. Suas ambições o levarão a mundos muito distintos. Ambiciona a quietude, mas também, o movimento. E o que não pode ser é mover-se e estar quieto de uma vez só. Terá que escolher entre uma forma de vida ou outra e será dramático fazê-lo para si próprio.

CÂNCER. Vive num mundo de contradições. A metade de si mesmo está em desacordo com a outra metade. Tratar de unificar suas forças interiores será um dos objetivos na presente encarnação, mas será muito difícil que o consiga. Não atribua aos demais a culpa do que lhe vai mal. Busque as causas em si mesmo.

LEÃO. É um personagem de múltiplas facetas. Possui grande ambição, grande desígnio, mas sabe escondê-lo e fazer-se humilde para obtê-lo com mais facilidade. Atingirá com seus próprios meios e um pouco com o apoio da Direita.

VIRGEM. Há em você muito senso prático; se sua personalidade tivesse que se reduzir a uma fórmula, poderia pôr sentido prático + sentido prático. Não há dúvida de que triunfará no mundo em que se move. Mas há uma dimensão de si mesmo que permanecerá insatisfeita. Preenchê-la deverá ser seu objetivo supremo na vida.

LIBRA. Dizem que vale mais um pássaro na mão do que cem voando. Você terá esse pássaro, mas sentirá a nostalgia dos que voam acima de sua cabeça. Há muitas coisas acima de sua cabeça que não poderá jamais alcançar e se sentirá frustrado por isso. Talvez, um dia mobilize suas forças interiores para perseguir esses pássaros. Mas, deixará cair o que tem em mãos e se sentirá igualmente frustrado por essa perda.

ESCORPIÃO. Escorpião está duvidando sempre entre seguir dois caminhos, o que conduz à vida superior e o que conduz ao gozo dos bens materiais. Essa combinação assegura o triunfo desse último caminho, porque o Galo-Escorpião terá muita facilidade em ganhar dinheiro. E no final, todos acabam seguindo a via do mais fácil.

SAGITÁRIO. Eis aqui um Galo com remorsos conscientes. Foi feito para voar, para ir como uma flecha pelo caminho das estrelas, mas é ave de criação. E essa realidade lhe corta os ideais. Será um Galo com muitos complexos, mas um Sagitário rico.

CAPRICÓRNIO. Será o Galo mais Galo de todos os Galos. O dono do galinheiro, é certo, mas viverá num mundo limitado. Será estimado pela sociedade que o rodeia e as galinhas perderão suas plumas por ele. Mas nada será transcendente, tudo sucederá em nível de galinheiro.

AQUÁRIO. Muita indecisão nesta combinação. As tradições pesam com força, mas o desejo de dinamitar as muralhas talvez seja mais forte ainda. É um indivíduo que duvida, preso constantemente em angústia vital. Mas suas experiências psíquicas serão muito importantes e, ao mediar sua vida, conseguirá romper o cerco dos prejuízos e converter-se em Galo livre.

PEIXES. Seria um Galo cheio de decorações. Todos reconhecerão sua estampa desde muito longe quando aparecer em sua procissão. Tem memória dos cantos rituais. E tem uma bonita voz para expressá-los. Ao seu enterro assistirão inúmeras pessoas.

Se nasceu sob o signo do Cão e é de:

ÁRIES: Será um guerreiro que não reconhecerá freios. Tudo o impelirá para diante, até a vitória. Necessita ganhar e por isso viverá em estado permanente de guerra. Não é certamente um tipo fácil. Em sua vida não haverá trégua.

TOURO. É possível que expresse suas contradições interiores através da arte. Tem uma rara habilidade para mesclar o abstrato e o concreto. Pode ser um tipo muito interessante, um fenômeno.

GÊMEOS. Essa combinação pode dar lugar a um escritor célebre. Um autor de obras de ficção científica ou de biografias de grandes magnatas, de Onassis ou gente do estilo. Ganhará muito dinheiro, mas fará muitos inimigos, muitos o odiarão.

CÂNCER. O poder de realização dos seus sonhos será enorme. No geral, Câncer sonha, sonha e sonha, mas aqui, essa combinação oferece a possibilidade de cristalizar esses sonhos e convertê-los em coisas concretas. De um ou de outro modo, você será extraordinário, talvez como ator de cinema ou como domador de elefantes.

LEÃO. Um Leão excêntrico resulta bastante inesperado. Terá ambições políticas como todos os leões, mas confundirá geralmente a Direita com a Esquerda e se passará de um extremo ao outro com grande facilidade. Seus eleitores se verão desconcertados e você se chocará com os amigos. Muitas atribulações na sua vida política.

VIRGEM. Manejará uma técnica a James Bond. Não que a utilize para ser um 007, que está muito longe da sua verdadeira personalidade, senão que será um descobridor ou um fabricante desses objetos especiais que servem para confundir o inimigo. Vida aventureira, dentro do que cabe para nascidos em Virgem.

LIBRA. Mover-se-á num universo muito amplo, será um grande organizador, um cérebro inato e ao mesmo tempo um dandy, um play-boy ou uma play-girl. Alguém que vai de amor em amor pelos grandes cenários internacionais. Vida fácil e alegre.

ESCORPIÃO. Contradições, as coisas não lhe sairão como havia projetado. Haverá sempre um elemento inesperado que as fará naufragar. Terá problemas com a família, mas devido à sua atitude do que ao comportamento deles. Deve ir pelo mundo, sempre com o freio à mão.

SAGITÁRIO. Ao idealismo do Sagitário se unirá a técnica do Cão, dando lugar a uma pessoa dessas que inventam aparatos para falar com os mortos e com os espíritos que se encontram no mais além. A técnica a serviço da filosofia e da religião. Talvez seja a imagem que oferece a combinação de figuras do horóscopo chinês e do horóscopo tradicional do Ocidente.

CAPRICÓRNIO. Se o elemento Cão sair dominante, será um Cão complexado. Sobretudo, com complexo de culpa. E o dirigirá a situações de fracasso para poder se autocastigar. Se for Capricórnio a dominar, ganhará muito dinheiro, em assuntos originais.

AQUÁRIO. Será um sonhador de mundos novos e criador revolucionário e fantástico. Mas se encontrará muito longe das realidades concretas e não terá nenhum sentido prático. Se seu horóscopo for rico no elemento sorte, conseguirá que seus inventos se comercializem, caso não exista essa sorte, será um vanguardista cujo nome figurará nos dicionários de futuro, mas ninguém lhe reconhecerá hoje seu autêntico valor criador.

PEIXES. Se predominar em si a parte superior da natureza desses dois signos, será um ser excepcional. Um homem que possuirá a visão do passado e do futuro. Pode inclusive, fazer milagres. Se for o inferior a dominar, só pensará em se evadir, e todos os artifícios lhe parecerão bons para isso.

Se nasceu sob o signo do Javali e é de:

ÁRIES. O Javali é pleno de impulsos generosos, mas amiúde não os realiza. O Javali de Áries é seguro de que os realizará. É uma espécie de cavalheiro andante da bondade e do otimismo.

TOURO. O mais encantador dos Javalis que se possa imaginar. Unirá ao seu magnetismo de Javali a beleza extraordinária do Touro, dando lugar a um verdadeiro trovador com alma de artista.

GÊMEOS. Esta combinação será o clássico pícaro. Viram vocês as aventuras de Fernando Fernán Gomez na televisão? É isso o que será o Javali de Gêmeos.

CÂNCER. Será um Javali glutão, que comerá e engordará muito mais do que um javali. Será um superJavali quanto à forma física. Convide-o a um banquete e ele será feliz.

LEÃO. Cem por cento comediante. As pessoas que nasceram sob essa configuração devem se dedicar ao teatro, ao cinema, à televisão ou ao circo, com a segurança de que triunfará num desses setores.

VIRGEM. Será o mais tímido dos Javalis, se ruborizará com facilidade e viverá de portas para dentro. Um ser angelical, a menos que o busquem as cócegas.

LIBRA. Um Javali com muito sentido da economia e dos negócios. Buscará um meio que lhe dê dinheiro, e com toda segurança o encontrará.

ESCORPIÃO. Um Javali com remorsos mais próprios do Cabra que do Javali. Será um atormentado e um brincalhão, ao mesmo tempo dado à sexualidade.

SAGITÁRIO. Combinação de cavalheiro andante e de místico. Qual dos dois sairá triunfante? Poderia ser sacerdote num exército. A guerra e a paz do céu seduzem-no por igual.

CAPRICÓRNIO. Os Javalis raras vezes são "sujinhos", mas esse será. É o clássico avaro de Molière, que dá muita risada porque acaba finalmente perdendo aquilo que tanto queria guardar.

AQUÁRIO. Um Javali muito louco, que se comporta de modo excêntrico, é o clássico malandro. Não comparece nunca aos encontros, vive completamente desorganizado, mas sua simpatia é envolvente.

PEIXES. Será um homem que vive para a religião, no seu aspecto exotérico ou esotérico. Sentirá seguramente a vocação do claustro e chegará muito longe nesse caminho. Que cultive esse talento e se comprometa a fundo no caminho da fé.

Como educar seu filho
se nasceu sob o signo de...

RATO. É uma criança muito precoce em certos aspectos, uma criança que tratará de atrair a atenção dos que a rodeiam com suas macaquices. É um jogo em que seus pais não devem cair, porque quando for maior também terá tendência a conquistar os demais com macaquices e como a estratégia não funcionará, se desalentará rapidamente. Os pais devem ensiná-lo a ter fé em si mesmo, sem se fazer bufão, e não devem alentar sua precocidade, mas ensiná-lo que cada coisa há de vir a seu tempo. As experiências práticas serão muito valiosas. Uma delas pode consistir em dar à criança um fruto verde e outro plenamente maduro, fazê-la pegar e ante sua careta de desgosto ao morder o verde, deve dizer-lhe: "Esse fruto só é bom para colhê-lo. Mas se houvesse permanecido mais tempo na árvore, sem impaciência; seria tão delicioso como o outro. Na vida convém fazer as coisas no seu tempo, sem, impaciência; saber esperar é, às vezes, uma ciência". A lição será útil à criança porque o problema do Rato é o de agir sem esperar que o contexto social esteja maduro para sua ação.

BÚFALO. Será uma criança tranquila e repousada, a quem agradará mais os brinquedos de salão, nos quais não corre nenhum risco como nos violentos jogos de rua. Será uma criança limpa e perfumada com tendências femininas, se for varão.

É preciso que os pais perturbem um pouco sua tranquilidade. Deve se acostumar a enfrentar os problemas e dar-lhe afã de resolvê-los. Se os maiores interferirem demasiado em sua vida, a fim de facilitá-la, essa criança, ao chegar à idade adulta, não saberá viver sem o apoio dos demais, necessitará sempre de uma muleta e se achará sempre à mercê do mais forte. Criar-lhe problemas, desde cedo, para que ele possa resolver naturalmente deve ser a responsabilidade dos pais.

TIGRE. Será uma criança com nervos, com tigre no motor e sua agressividade verbal poderá alcançar altos índices de violência. O mesmo pode ser ele quem quebre as lâmpadas da iluminação pública do bairro, como o que se institui em moralista, o juiz, para dar o "merecido" aos travessos. Tanto num caso quanto no outro, sua atitude é perigosa e deve ser corrigida. Trata-se de uma criatura chamada a interferir nos assuntos da sociedade e suas intervenções, sempre no terreno intelectual, serão violentas, agressivas. Os pais deverão lhe ensinar que as aparências enganam. A crisálida que transforma em minhoca e logo em mariposa pode ser uma boa lição, em que aprenda que as coisas não são como parecem, que todas encerram um aspecto profundo que deve descobrir antes de atuar com elas, porque enquanto está falando de uma mariposa, esta já terá se transformado em minhoca, e tudo o que foi dito resultará em despropósito.

COELHO. A criança Coelho desperta lentamente, preguiçosamente para a vida. Cresce numa espécie de neblina que faz dela uma criança poética, bela, frágil. Passados os primeiros anos tem tendência a engordar e converter-se em "fatty". É de natureza preguiçosa e sabe inspirar simpatia, mais do que o Búfalo. Com toda segurança encontrará no colégio quem lhe faça os deveres, pelos quais é capaz de pagar, inclusive, em dinheiro, já que o Coelho sempre dispõe dele, desde sua infância. Não é que seja tonto, simplesmente preguiçoso e prefere que os demais trabalhem por ele. Os pais deverão ensinar-lhe o valor do esforço com exemplos práticos que a criança pode assimilar. Sua inteligência é muito desperta, contrário ao que parece; mas, mais que inteligência, cabe falar-lhe de intuição. A criança-Coelho intui a verdade, intui a solução dos problemas sem raciocinar sobre eles, e se os pais conseguirem que seu filho se interesse pelo que sucede ao seu redor, poderão dar alicerce a um ser excepcional.

A comida constitui sua tentação, sua armadilha, e os doces serão sua grande fraqueza. Mais que lhes proibir tocá-los, com o que conseguiriam que os pegasse às escondidas, melhor será que a acostumem ao sabor da salada, preparando-lhe bons refogados. De qualquer forma, comerá em excesso, e os pais deverão procurar racionar os alimentos em seus anos de primeira infância, tratando de lhe dar o justo em proteínas, gorduras e muitas vitaminas em forma de frutas frescas e hortaliças.

DRAGÃO. O defeito que se deve combater na criança-Dragão é o orgulho precoce, a autossatisfação e sua consequência imediata, o desprezo pelos iguais. Os pais deverão se sentir lisonjeados com uma criança que se encontra sempre entre os melhores e é normal que a animem a que persevere. Atuando assim, fazem fraco serviço à criança-Dragão porque não ficará preparada para enfrentar a adversidade, e quando inevitavelmente se encontrar com os problemas da vida real, o mais leve obstáculo a desconcertará. Refugiar-se-á na sua altivez, na sua torre de marfim e viverá uma perigosa irrealidade. É preciso ensiná-la a ser humilde e a perder com elegância. Na vida há ganhadores porque há perdedores, sendo evidente que se ninguém perdesse, ninguém, tampouco, poderia ganhar. Que se acostume a pensar no relativo que são as coisas e no arbitrário dos valores em que se apoia a sociedade.

SERPENTE. A criança-Serpente encontra-se sempre em estado aparente de atraso, com respeito a seus companheiros. Trata-se de uma simples aparência, devido ao seu escasso interesse pelos estudos superficiais. Como tem excelente memória, isso lhe permite recitar uma lição para cumprir os deveres escolares, ainda que não haja retido o que nela se explica. Interessa-se por tudo em profundidade, mas, esse aprofundamento faz que se revele mais tarde. Os pais não deverão apressá-la, mas sim pedir-lhe resultados a todo preço, senão deixar que sua inteligência se vá formando lentamente.

Essa criança prefere os jogos sapientes, e mais do que com uma bola desfrutará com um microscópio, com um laboratório de química, com uma esfera terráquea ou com um corpo humano de plástico onde poderá estudar os distintos órgãos. Os pais deverão proporcionar-lhe esse tipo de brinquedo e orientá-la para estudos científicos. Seu defeito essencial é a timidez. Sem querer a todo preço que se manifeste, como John Wayne, os pais deverão procurar-lhe relações, não com crianças extrovertidas e revoltosas, mas com aquelas suscetíveis de partilhar com ela os jogos de laboratório.

CAVALO. A criança-Cavalo é uma grande organizadora de jogos, é a chefe inata da gangue, o que divide os papéis com seus companheiros ao organizarem uma função teatral, a que diz quem deve jogar na equipe ou quem não deve. É uma criança que assume responsabilidades e será idolatrada por uns e outros. Os pais devem ensinar-lhe que para ser cabecinha responsável é preciso, antes de tudo, ser justo. E para ser justo, não deve se guiar pela simpatia ou antipatia que lhe inspiram seus companheiros, mas pelos méritos que possui cada um. Sempre que for possível, deve tomar exemplos da vida reais que ilustrem os desajustes resultantes de uma escolha baseada na simpatia. Nos jornais se encontram abundantes casos que devem se submeter à reflexão da criança sobre o justo e o injusto, relacionados com as emoções.

CABRA. É a clássica criança travessa, essa criança de quem as mães dizem: "É infernal". O que acontece é que a Cabra-criança dispõe de energias extras que deve necessariamente gastar, e atua sempre em nível superior ao que costumam atuar as demais crianças. Quando elas caem arrebatadas pelo cansaço, ainda fica à Cabra energias para romper o "colégio" que a educa. Trata-se, pois de uma criança problemática que necessita de uma educação especial.

Em primeiro lugar é necessário que essa criança faça ginástica, que pratique o boxe, o kung-fu, a natação e qualquer tipo de esporte que exija ação. O objetivo será o de esgotar as energias excedentes que há nela, para que sua manifestação na sociedade seja normal. Devem procurar eixos de equilíbrio para a expressão de sua violência. Se essa criança não extravasar essa energia poderá se converter numa fora da lei. Procurar-se-á também que essa criança esteja sempre ocupada, que não permaneça ociosa, porque enquanto dispuser de tempo fará uma travessura.

MACACO. A criança-Macaco sentirá a necessidade de se admirar a si mesma e para procurar essa admiração não duvidará em realizar gestos que lhe permitam luzir-se. É a criança herói, o destinado a figurar no Non Plus Ultra. Os pais deverão procurar que esse afã de heroísmo não seja excessivo, a fim de que a criança-Macaco não coloque fogo no edifício para se comportar logo heroicamente, salvando seus habitantes. Que façam que ela compreenda igualmente que o heroísmo deve ser praticado anonimamente, porque se o que a criança persegue é que a admirem, então se trata de uma heroicidade interessada, que é mais desejo de aparecer, do que outra coisa. Esse afã de fazer o bem deve se encaminhar para causas positivas para os demais e só assim o Macaco, já adulto, poderá ser realmente esse indivíduo superior que aspira ao bem.

GALO. A criança que não crê em si mesma, que se sente inferior aos demais companheiros, que não participa dos jogos. Causarão muito dano ao Galo infantil os insultos e as reprovações que sua família lhe dirija: o "burro", o "tonto", "não serve para nada" o afundarão mais e mais no seu desespero, ainda que não comunique seus sentimentos a ninguém. Irá chorar num canto solitária e sairá dele mais pessimista a respeito de si mesma. Necessita, pois, a criança-Galo que seus pais creiam nela e que a façam crer em si mesma. Se não viver num clima de confiança e de apoio, o Galo será um amargurado, um misantropo, um egoísta. Talvez seja a que mais necessite ajuda entre as crianças do Zodíaco. Com calor humano e com simpatia se fará dela um membro importante da comunidade humana.

CÃO. É a criança distraída, a que fica brincando na rua na hora das refeições, que estuda quando come e deixa esquecidas as coisas em todos os cantos da casa. Os pais costumam pensar que se trata de má vontade por parte do seu filho e procuram corrigir essa "perversão". Na realidade, é uma criança que funciona contra o relógio e muito pouco pode se fazer para adaptá-la aos horários caseiros. Em lugar de fazer finca-pé em seus defeitos, melhor será que os pais a ajudem em suas virtudes. Essa criança é uma criadora, um indivíduo que inventará ou descobrirá algo que pode inovar e revitalizar o mundo. É preciso pois, satisfazer suas curiosidades quando elas se expressem e facilitar-lhe toda a informação necessária para que seu intelecto não encontre travas em seu desenvolvimento. Os estudos de mecânica, engenharia, eletrônica, convêm perfeitamente a esse cérebro privilegiado.

JAVALI. É uma criança irresistivelmente simpática que se verá bem acolhida em todas as partes. Necessita ela, também, viver num clima de simpatia e compreensão para que sua natureza possa se desenvolver. Desde tenra idade, manifestará sua inclinação para o misticismo, e os pais deverão estar preparados para responder a suas perguntas a respeito da divindade, do sentido da vida e do mistério da morte. É preciso alentar esse interesse pelo metafísico, porque, por sua simpatia mesma essa criança se expõe a cair sob a influência de pessoas que a levarão por caminhos desviados. Dar-lhe uma alma forte deve ser a missão principal dos pais.

Personagens célebres, nascidos sob os distintos signos chineses

O RATO: Antoine de St. Exupéry, Shakespeare, Racine, George Sand, Tolstói. Defoe, Júlio Verne, Daudet. Katherine Mansfield, Charlotte Bronte, Eugene Ionesco, Valentim Tornos, aliás, Dom Cicuta, Clark Gable, Pilar Velásquez, Margareth O' Brian, Tony Landa, Paul Newman, Luis Buñuel, Sidney Poitier, Conrado Pani, Ursula Andress, Marlon Brando, Dorris Day, Spencer Tracy, Alfonso de Bourbon, o Cordovês, Patrice Kennedy, Paloma Hurtado, Charles Aznavour, Tony Curtis, Nuria Espert, Vittorio de Sica, Peter Sellers, Lauren Backall, Mark Phillips, Charlton Heston, Burt Lancaster etc.

O BÚFALO: Gonzalo Cañas, Natalie Wood, Marilyn Monroe, Julie Adams, Rafael Arias, Tania Ballester, Leo Anchoriz, Florinda Chico, Jesus Fernandez Santos, DonGAlloway, Estanislau Gonzalez, Jesus Hermida, Teresa e Fernanda Hurtado, Julián Mateus, Amparo Pamplón, Luis Prendes etc.

O TIGRE: James Florentino, Júlio César Fernández, J. António Fernández Abajo, Carlos Larrañaga, Carlos Muñiz, Venâncio Muro, Alfonso Paso, Teresa Rabal e Mercedes Rodriguez.

O COELHO: Fidel Castro, o Presidente Trujillo, a Rainha Vitória, Stalin, Catarina de Médicis, O Presidente Burguiba, Martin Lutero, Confúcio, Malcom Muggeridge, Antolin Garcia, Jesus Guzmán, Pero Osinaga, Conchita Velasco etc.

O DRAGÃO: Sarah Bernhardt, Mary Pickiford, Salvador Dali, Freud, Rostand, Edward Heath, Harold Wilson, Jeanne D' Arc, Jean Jacques Rousseau, Barbara Carland, John Gielgud, Bernard Shaw, Danton, o Marechal Tito, St.ª, Bernardette, Napoleão III, o marechal Pétain, Guisasola, Solsona, Santillana, Xavier Basílio, Jaime Blanch, José Bódalo, Pepe Calvo, Nuria Carresi, Glenn Ford, Manuel Galiana. António Garisa, Fernando Guillén, François Mitterand, Raquel Welch, Pilar Miró, Bárbara Ruch, Roger Vadin, Nemésio Fernández Cuesta.

A SERPENTE. Darwin, Montaigne, Copérnico, Calvino, Gandhi, Mao Tse Tung, Arthur C. Clarke, Montesquieu, Kennedy, LuiIs Braille, Lincoln, Baden-Powell, Madame de Montespan, a Rainha Astrid, André Gide, Flaubert, Edgar Allan Poe, Picasso, Schubert, Nasser, Baudelaire, Brahms, Sadumí, Macanás, Manuel Alexandre, Alfredo Amestoy, Lícia Calderon, Elena M. Tejeiro, Pedro Amálio López, Caetano Luca de Tene, Guilherme Marín, Fernando Medina, Carlos Mendy, João José Menéndez, Maria Luisa Merlo, Iva Zannichi, Christian Dior, Angel Picazo, Emílio Rodríguez, Rafael de la Torre, Maria Isbert, Raimundo Burr.

O CAVALO: Cicero, Rembrandt, Cornélia, Davi Crockett, Carlos Magno, Roosevelt, Kruchev, Huxley, Herzoz, Pasteur, Eduardo VII, Delacroix, Newton, Georges Brauge, Buffalo Bill, o Rei Balduino, Velásquez, Isabel Batiza, Sebastião Cabot, José Luis Coll, James Daly, Fernando Delgado, Agustin González, Emílio Gutierrez Caba, Kiko Ledgard, Jack Lord, Maribel Martin, Ismael Merlo, Pado Morán, May Rato, O'Wisiedo, Jesus Ponte, Tina Sainz, Pedro Mari Sanches, Luis Varela.

A CABRA. Douglas Fairbanks, Sir Malcolm Sargent, Rodolfo Valentino, Tino Rossi, Françoise Arnould, Lawrence Olivier, Miguel Ângelo, Balzac, Diane de Poitiers, John Ford, Mussolini, Claudertte Colbert, César Borgia, Cervantes, Theofile Gautier, H. G. Clousot, Torres, José Luís Grosso, Enrique de las Casas, Conchita Cuetos, José Franco, Gabriel Ibáñez, Charo Lópes, Agnes Moorehead, José Rubio, Cruz Martinez Esteruclas.

O MACACO: Lyndon Johnson, Poincaré, Daladier, Truman, Julio César, Chamberlain, Leonardo da Vinci, Gauguin, Milton, Byron, Dickens, Alexandre Dumas, o Marquês de Sade, Buster Keaton, o Capitão Cook, Michele Morgan, Elisabeth Taylor, Robert Flaherty, Migueli, Tourinho, Netzer, Leo Anchoriz, José Luiz Barcelona, Juan José Castillo, Blanca Gala, Mary González, Alicia Hermida, Carlos Lemos, Mônica Randall, Pablo Sanz, Julieta Serrano, James Stewart, Pedro Cortina Mauri, Tomás Allende e Garcia Baxter, Joaquim Gutierrez Cano.

O GALO. Richelieu, Gobbels, Kleber, Maria de Médicis, Paulo VI, François Mauriac, André Maurois, William Faulkner, Wagner, Descartes, Kiplng, La Fontaine, Collette, Clyde (de Bonnie), Juan Carlos, Rexach, Martí Filosia, Pirri, Manolo Alcalá, Oscar Banegas, Mário Beut, Adela Cantalapiedra, Mary Carrillo, Chuck Connors, Joaquim Diaz Palacioz, José Mara Esmer, António Ferrandis, Lola Gaos, José Maria Iñigo, Carolina de Mônaco, Carolina Kennedy, Andrés Mejuto, Elizabeth Montigomeri, Almirante Pita da Veiga, Alexandre Fernándes Sado, Montserrat Caballé.

O CÃO: Bertold Brecht, Lenin, Voltaire, Sócrates, Molière, Leon Blum, Proust, Yuri Gagarin, Feydeau, Guy de Maupassant, Luís XVI, Costas, Marcial, Cruyff, Benito, Oscar Mas, Valeriano Andrés, Enriqueta Carballera, Emma Cohen, Estêvão Duran, Shirley Jones, Tony Leblanc, José Maria Rodero, Luís Rodriguez Miguel.

O JAVALI: O primeiro Rotschild, o primeiro Rockefeller, o primeiro Ford, Santo Inácio de Loiola, Frederico Garcia Lorca, François Villon, o Doutor Albert Schweitzer, o Marechal Foch, George Pompidou, Henrique VII, Bismarck, Oliver Cromwell, Madame de Maintenon, Françoise Sagan, Mora, De la Cruz, Borja, Amiano, Lucille Ball, Carlos Ballesteros, Tomás Blanco, Elizabeth Baur, Narciso Ibañez Serrador, Valério Lazarov, José Martin, Alfonso Sánchez, Licínio de la Fuente y de la Fuente, Pio Cabanillas Gallas etc.